外交官带你看世界

巴西旅游指南

BRAZIL

热力桑巴

外交官带你看世界

巴西

何承伟
丛书总策划
黄志良 刘静言 著

上海故事会文化传媒有限公司
上 海 锦 绣 文 章 出 版 社

跟着外交官到地球别处去看看

一年前，我在上海遇到一对老人，他们俩一退休，就去欧洲旅游了85天。

出于好奇，我问他们：“难道你们在中国都游遍了？”

他们说：“没有。我们是先游远的，后游近的。”

我又问：“你们俩不懂英语，没有出过国，又不靠旅行社，是什么力量支撑你们去周游世界的呢？”

老人意味深长地说：“人都怕死，但更怕没有目标。年轻时有年轻时的目标，今天有今天的目标。”

“那你们今天的目标是什么？”

“今天，我们就盼望着到地球的别处去看看。”

听了这对老人的话，我才感悟到：“富起来的中国人，盼望着到地球的别处去看看。”——这就是世界旅游业普遍感到“寒气逼人”时，中国出境游市场仍处于上升通道，保持两位数增幅的原因。

这对我一个出版工作者来说，不仅是个服务的机会，更是一个发展事业的机会。

所幸的是，在一个偶然的机会，我遇到了一大批前外交官。他们不仅熟悉如今中国人的需求，同时也了解曾经工作过的国家的情况。他们在岗位上时，是中国人民与所在国人民的友谊使者，今天，他们是否可以把自己多年的

积累和感受，浓缩在一本10万字不到的图书之中，通过这本书，架起一座国与国之间的友好桥梁？

于是，一套富有创意的系列图书诞生了：《我们生活在同一个地球——外交官带你看世界》。在这套图书出版的过程中，我们还得到了有关国家的驻华大使馆、旅游机构人员的大力支持，他们不仅提供精美的图片，有的还制作了反映该国旅游资源的光盘，力争使《我们生活在同一个地球——外交官带你看世界》成为立体展示该国家旅游资源的全媒体图书。

我和我的同事们力争这套大书，能在2010年5月，上海世博会期间陆续出版。届时，至少有7000万中国和世界的朋友相聚在浦江两岸。这套书就不仅在中国人出境旅游时起到作用，即使在世博会期间，也能在参观者与参展国之间架起一座座桥梁。

《我们生活在同一个地球——外交官带你看世界》第一批约40种，今后力争做到凡是中国人出境游所涉及的国家都能出版一本。同时，为了使我们的成果具有持续性，我们每年都会对这套书进行修订，提供最新的文化信息和实用信息，使中国的读者，慢慢产生一种概念：要出境旅游，就找《我们生活在同一个地球——外交官带你看世界》，届时，这套书就将成为中国图书市场上的一个响当当的品牌产品。

2010年5月

上海文艺出版集团 总编辑 何承伟

致辞

我很高兴接受黄志良大使的约请，为他和他的夫人刘静言女士撰写的关于巴西的书作序。他们这本书恰逢其时，具有开拓性的意义。黄志良先生曾担任中国驻圣保罗总领事，这使他和夫人有机会深入了解我的国家。在巴西工作和生活期间，他们见证了巴西社会经历的变化，并能够把它和中国所取得的进展相比较。巴中两国均是人口众多，工业门类齐全，国内生产总值有很高的增长率。两国幅员辽阔，自然资源丰富。在重新分配经济繁荣的成果和减少社会及地区差别方面，两国面临相似的挑战。因此，中国领导人常常讲中国是东半球最大的发展中国家，巴西是西半球最大的发展中国家，这样的说法是很恰当的。基于这些相同或相似点以及共同的利益，两个国家一直努力改革国际秩序和使国际机构民主化，以便使发展中国家在重大国际事务以及建立一个以多边主义为基础的多极世界方面拥有更多的发言权。

地理上相距遥远和语言文化上的差异对巴中两国人民的天然接近还带来困难。毫无疑问，本书的出版将在中国填补一个空白，尤其因为它是从两个中国人的视角介绍巴西。他们夫妇当时是中国派驻在巴西工作和生活的，与此同时，他们也努力寻求领会巴西的现实。和中国一样，巴西的现实也是纷繁复杂的。巴西虽然远离中国，相互间也有许多不同，但与中国相同相似的地方更多。我确信，这部著作将有助于鼓励中国人更多地关注巴西这个国度。

巴西驻华大使 胡格内

序言

在上海世博会群芳争妍的大花圃中，我们采撷了一束美丽的卡特兰奉献给读者，它是巴西人民钟爱的国花，象征着那片丰饶而辽阔的土地。每当我们回顾在拉美度过的漫长外交岁月，卡特兰的芳香常常飘散在记忆里。1961年，当我们作为最早的探路者，第一次踏上巴西的土地时，整个南美大陆还是新中国外交领域一片未开垦的处女地，我们对这个遥远而陌生的国度几乎一无所知，然而，最初的接触和短暂的逗留却给我们留下了美好的第一印象。25年后，我们再次来到巴西，此时，新中国与巴西建交已有10年，我们奉命前往中国驻圣保罗总领事馆任职，与巴西人民共同生活了整整四个年头，我们有幸穿越它辽阔的国土，探访名胜佳景，饱览旖旎风光，亲近它的人民，从而对这个国家的美丽与富饶、人民的热情与友善留下了至深印象，而这一时期顺利发展的中巴关系，也成为了我们外交生涯中最宝贵与最难忘的一页。光阴荏苒，转眼又过去了20年，这20年我们虽已离开巴西，但无论是在其他国家工作，还是回到了国内，我们关注的目光始终没有远离那片热土，没有离开过巴西，我们在内心里分享着巴西人民每一次成功与喜悦。这20年中，世界舞台风起云涌，变化日新月异，中国与巴西在经济、政治、文化、科技等诸多领域的交往有了前所未有的发展，成为了发展中国家的最大贸易伙伴、南南合作互利共赢的典范，两国人民都以自己创造的骄人成就，在21世纪之初成为全球强大的新兴经济体，跻身“金砖四国”之列。我们为自己祖国的发展壮大骄傲，也为兄弟之邦巴西的腾飞欢欣鼓舞。诚然，让我们念念不忘这个南美巨人的绝不只是由于它创造的那些经济奇迹，还有点点滴滴牵动我们心弦的往事，以及它那无

与伦比的独特魅力:

流淌在那片土地上的世界第一大河,浩瀚而神秘莫测的亚马孙热带雨林,蔚为壮观的伊瓜苏瀑布群,南半球最美丽的旅游城市里约热内卢,最年轻的人类文化遗产新都巴西利亚……

那些随处可见的不同肤色的面孔,洋溢在城镇与乡间的异国风情,以及和谐共融、彼此包容的不同种族的习俗与文化……

魅力还来自生活在那里的热情、乐观而友善的人民,他们昔日倾诉忧伤的“桑巴”舞曲,如今伴着狂欢节的欢歌与劲舞,将快乐撒向全世界……

温和、闲适的巴西人,像他们脚下那片土地一样美丽、祥和与宽厚,像生长在巨树高枝之上的卡特兰花,外表柔美馥郁、内心坚毅刚强,他们用智慧和创新造就了一个又一个奇迹……

巴西,让人向往,更让人难以忘怀。

黄志良　刘静言

2010年5月于北京

目录

1 上天眷顾的大地

2 不可错过的风景

目录

3 魅力十足的文化风情

4 中巴友谊天长地久

旅游贴士

巴西概况

General Description of Brazil

国名	巴西联邦共和国，The Federative Republic of Brazil
国旗	
国徽	
面积	全国面积8,547,403平方公里，国土面积约占南美洲总面积的46%
人口	198,957,900
语言	官方语言葡萄牙语
首都	巴西利亚
国庆	1822年9月7日
国歌	《听，伊比兰加的呼声》
国花	 毛蟹爪兰(Tabebuia alba)，又名卡特兰
宗教	大部分人信奉天主教
所属洲	南美洲
货币	雷亚尔
国家格言	Ordem e progresso（葡萄牙语，秩序和进步）

气候	大部分地区属热带气候，南部部分地区为亚热带气候。亚马孙平原年平均气温25－27℃，南部地区年平均气温16－19℃。
地理环境	巴西是南美洲最大的国家，是世界第五大国。巴西与阿根廷、玻利维亚、哥伦比亚、法属圭亚那、圭亚那、巴拉圭、秘鲁、苏里南和委内瑞拉陆上接壤。
国家代码	BRA
时区	UTC-2至UTC-5
国际电话区号	55

行政区划：全国共分为26个州和1个联邦区（巴西利亚联邦区），州下设市，全国共有5562个市。

旅游城市： 巴西利亚、里约热内卢、圣保罗

重要旅行景点：里约热内卢基督像、马瑙斯、圣保罗大教堂、亚马孙河、科帕卡巴纳海滩

1

We all live on the same planet

上天眷顾的大地

见证历史的皇宫花园

南美洲幅员最广的国家

到巴西去访问或旅游的朋友常常问我们：为什么西班牙殖民者最早到达

葡萄牙人将新“发现”的地方命名为“圣十字架岛”，即今巴西

南美新大陆，而幅员辽阔、物产丰富的巴西反而落入了后去的葡萄牙之手？一般的历史书上都是这样解释的：

1492年哥伦布“发现”新航线与新大陆之后，两大海上强国西班牙和葡萄牙把所有被“发现”的土地据为己有，宣称是上帝赐予他们的不可侵犯的财产。对殖民地的贪欲与掠夺引起了西葡两国的矛盾。梵蒂冈教廷为了防止这两个天主教国家之间的冲突，并保护天主教在这些新“发现”的土地上的垄断利益，从1493年起，即对两国多次进行“劝导”、调停和仲裁。两国经过一年的外交谈判，1494年6月7日在西班牙边境小城托尔德西利亚斯达成协议，签订了著名的《托尔德西利亚斯条约》(Tratado de Tordesillas)，两国接受了教皇亚历山大六世最后规定的分界线，这条虚拟

淘金工人

的分界线是沿着佛得角群岛以西370里格（1里格合5.5737公里）处的子午线划定的，承认葡萄牙对线东的领土要求和西班牙对线西的领土要求。西班牙自己也未料到，这条假设的分界线（约在西经48°–49°之间）在南半球正好穿过今天的巴西，从贝伦到圣多斯以东的南美地区。

故事讲到这里，你也许会问：是教皇存心袒护葡萄牙吧？不，事实正相反，一位饱学的阿根廷朋友给我们讲了一则鲜为人知的历史轶闻：原来教皇亚历山大六世是西班牙人，出生在西班牙巴伦西亚，本名罗德里格斯·博尔哈，他在调停、仲裁两国殖民地分界线的争执中，貌似公正，实际上大大偏袒了祖籍国西班牙。那时期，南美大陆西部地区盛产黄金、白银，西班牙殖民者趋之若鹜，而东部则是原始森林覆盖的蛮荒之地，人迹罕至，教皇"慷慨地"判给了葡萄牙。后来的事实证明，偏心的教皇帮了西班牙一个倒忙。不久之后，葡萄牙王室多次派出探险船队西进，陆续"发现"并占领了南美大陆大片土地，甚至超越了那条"教皇子午线"，逐步扩展成后来被人们称为巴西的这片广袤的土地。

巴西沦为葡萄牙的殖民地，葡萄牙语也就成了巴西的国语。

讲完上面的故事，我们也同时回答了朋友们常提出的另一个问题：为什么拉丁美洲最大的国家讲的是葡萄牙语？

血雨腥风三百年

1500年4月27日葡萄牙航海家佩德罗·卡布拉尔"发现"巴西，标志着葡萄牙对巴西长达三个世纪殖民统治的开始，从此，巴西这片土地经历了322年血雨腥风的岁月和史无前例的沧桑巨变。

可以说，巴西三百年的殖民史是一部充满争夺、抢掠、剥削、压迫和反抗、起义的斗争史。最早的争夺发生在殖民者之间。法国对葡萄牙在巴西的殖民统治早已垂涎三尺，它不承认西、葡两国签署

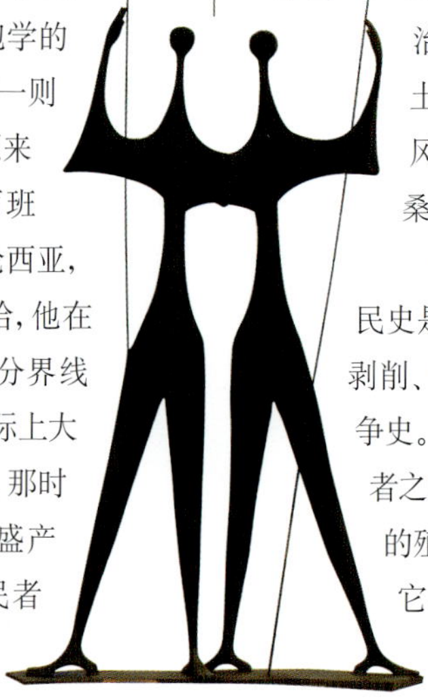

开拓者雕塑

在葡萄牙殖民者到达巴西时，那里居住着500万印第安人

的分界条约，主张谁先占领归谁所有的原则。1555年法国殖民者捷足先登，在巴西瓜纳巴拉湾建立据点和城堡，称为“南极法国”，他们利用廉价商品同当地印第安人交换巴西红木。葡萄牙王室不甘示弱，随即派遣常驻总督，率军队与法国殖民者争夺，花了10余年时间终将法国殖民者逐出巴西。1640－1648年间，葡萄牙与西班牙之间的冲突再起，直至爆发战争。葡萄牙在英国的支持下，于1648年脱离西班牙获得完全独立，作为回报，葡萄牙向英国人开放巴西市场。

葡萄牙王室巩固了它在巴西的殖民统治后，在巴西实行分封制，将沿海13个管区交由亲信大贵族管理，发展大种植园。种植园经济的发展史既是巴西殖民地化的历史，也是印第安人充当奴隶的血泪史。成千上万的印第安人沦为奴隶，他们在过度劳累、饥饿和瘟疫的折磨下大量死亡，人口锐减。由于奴隶来源枯竭，而种植园和矿区又需要大批劳力，于是从1532年起，葡萄牙开始从非洲贩进黑奴，到19世纪20年代初，来到巴西的黑奴已达114万人。在葡萄牙对巴西三个世纪的殖民统治中，黑人、印第安人和混血种人处于社会最底层，生活十分悲惨，许多黑人逃进森林，建立一个个“逃奴堡”。1630年伯南布哥管区内的逃亡黑奴建立了“伯尔马雷斯共和国”（葡文意为“棕榈林共和国”），遭到葡萄牙

在咖啡种植园劳作的农奴

巴西历史上著名的“米纳斯密谋”领导人若阿金·若泽·达席乐尔瓦·沙维尔原为牙医（绰号“拔牙者”即“蒂拉登特斯”），史称“拔牙者起义”，起义惨遭镇压，“拔牙者”被判绞刑，后被人民尊为“民族英雄”、“独立运动先驱者”。

政府一次次的征剿。黑人共和国经过7年艰难抵抗，终告失败，起义黑奴全部殉难，但它在巴西历史上写下了黑奴反抗奴隶制的光辉篇章。

葡萄牙残暴的殖民统治，激起了巴西各阶层人民的强烈不满。为了争取独立和自由，巴西各族人民不断爆发起义。1789年巴西黄金产地米纳斯州发生的“拔牙者起义”，揭开了巴西独立运动的序幕。起义领袖沙维尔是位牙医，绰号“蒂拉登特斯”(tiradentes)，葡文意为“拔牙者”。起义遭到残酷镇压，沙维尔的尸体被肢解，头颅被挂在广场上示众。我们在圣保罗拉丁美洲纪念馆的国际会议厅里见到过表现这一残忍场面的大型壁画，令人毛骨悚然。1798年，巴伊亚又爆发了人民起义，由于起义领导人中有两名裁缝，故史称

在甘蔗种植园劳作的工人

“裁缝革命”。这次起义提出了建立共和国、要求自由和公民的平等权、废除奴隶制等斗争纲领，吸引了平民百姓，特别是黑人、混血种人和奴隶参加。革命起义同样惨遭失败，许多人被捕，6人被判死刑，其中2名士兵和2名裁缝被处以绞刑。

1808年葡萄牙王室迁至巴西，改变了巴西的殖民地历史，同时也导致了巴西独立。

没有硝烟的独立

与西班牙统治下的南美殖民地刀光剑影的独立战争相比，巴西有很大不同，它的独立走的是一条和平之路。

18世纪以后，巴西各方面都有了较大发展，小小的葡萄牙实际上已统治不了这片面积比其本土大93倍的巴西，这种蛇吞大象的局面难以为继，葡萄牙对巴西的殖民统治已成尾大不掉之势，最后由留在巴西的葡萄牙王室自己宣布独立，则是当时特殊的历史背景造成的。

1807年冬，葡萄牙遭到法国武装入侵，代替母亲西班牙王后玛丽亚一世执政的葡萄牙摄政王若昂六世拒绝与拿破仑结盟，他依靠英国海军帮助，携带全体王室成员逃亡到了巴西，并于1815年建立了“葡萄牙、巴西和阿尔加尔维王国”，若昂任国王。这使巴西由帝国的海外殖民地的地位提高到了与葡萄牙并列为联合王国的成员，巴西也因而确立了君主制，建都里约热内卢。但巴西并未因此获得独立，若昂国王仍受葡萄牙王国控制。随王室来到巴西的葡萄牙人掌握本地大权，成为决定巴西命运的主宰，他们不仅欺压印第安人、黑人和其他有色人种，而且也歧视巴西的土生白人“克里奥约”，把沉重的赋税强加在他们身上，引起了巴西各阶层人民的不满。巴西人民同宗主国的矛盾日趋激烈，反抗与起义此起彼伏，特别是1817年发生了伯南布哥反葡武装起义，震撼了葡萄牙的殖民统治。这次起义虽被镇压了下去，但巴西人民要求独立的斗争却日趋高涨。

1820年8月，葡萄牙本国发生了资产阶级革命，新议会要求若昂六世回国，敦促王室迁回里斯本，以便恢复巴西对葡萄牙的依附地位并维护葡萄牙对巴西的统治。那时，巴西人民要求独立的运动已遍及全国。若昂考虑到已被他册封为巴西摄政王的儿子彼德罗亲王在巴西的统治恐也难长久维持，临别时叮嘱他24岁的儿子说：“万一形势恶化，巴西要求独立的话，你就亲自宣布独立，把王冠戴在你自己的头上。”那个聪明的佩德罗王子不久便把他父亲的忠告付诸实施了。4月24日，就在佩德罗成为摄政王的第三天，葡萄牙议会决定撤销巴西的中央管理权，并要求佩

独立后巴西的第一个统治者佩德罗一世

佩德罗二世（右三）及家人

德罗立即返回葡萄牙。里斯本的命令受到了巴西各阶层的坚决抵制和反抗，全国各地掀起了要求佩德罗留下的运动。1822年1月9日，里约热内卢成千上万的群众聚集在王宫广场，在人民群众的强烈呼声中，佩德罗终于宣布留在巴西，1月9日这一天，成为巴西历史上著名的“我留日”。一星期后，佩德罗任命巴西独立运动的组织者博尼法西奥为政府首脑。恼羞成怒的葡萄牙议会威胁派兵征讨，并再度要求佩德罗回葡萄牙。9月7日，佩德罗巡游到圣保罗附近的伊比兰加河畔时，接到妻子从里约的来信，告诉他宣布独立的时机已到，他闻讯果断地拔出宝剑，从制服上摘下葡萄牙徽章，并大声宣告：“葡萄牙议会想把巴西置于被奴役的地位，我们必须宣布独立。不独立，毋宁死！”这就是巴西历史上著名的“伊比兰加呼声”，此日成了巴西的独立日和国庆节。这一年的10月12日，佩德罗自立为帝，称佩德罗一世，用绿、黄、蓝三色旗取代了葡国旗，并肃清了残留在巴西的葡萄牙军队。1825年8月29日，葡萄牙无奈之下，只好承认了巴西独立。从此巴西开始了独立后长达77年的帝国统治时期。

Tips

国旗

为绿色长方形，中央为黄色菱形，菱形中央是深蓝色圆形天球仪。圆形白色绶带上，书以葡萄牙文“秩序与进步”。圆形上有27颗白色五角星，象征国家的27个行政区。绿色和黄色是巴西的国色，绿色象征森林，黄色象征矿藏和资源。

红似炭火的巴西木——国名之由来

巴西的国名缘于生长在这片土地上的“巴西木”，质坚而色红，此种枝叶茂盛的参天大树与我们中国人习惯呼之为“巴西木”的绿色观赏植物毫无关系。前者的命运和这片土地的主人一样，历尽了殖民时代的沧桑，是巴西一段苦难史的见证。这段历史得从巴西的被“发现”讲起。

历史记载，最早登上现今巴西这个地方的人，是葡萄牙航海家佩德罗·卡布拉尔(Pedro Cabral)。1500年3月，他率领船队本想绕过好望角去印度，结果被季风吹到了巴西海岸。他在今天的巴伊亚以南200英里处一块不知名的陆地登岸，以为这是一座岛屿，便在岸边竖起了一块刻有葡萄牙王室徽章的十字架，并将此地取名为“圣十字架岛”，宣布它归属葡萄牙。后来葡萄牙王室多次派人来勘察，发现此地并不是一个岛，而是美洲大陆的一部分，于是又更名为“圣十字架地”。

这片被新“发现”的土地，最初在人们眼中不过是个不为人识的“灰姑娘”。葡萄牙人在殖民地开拓方面并不比西班牙人逊色，却没有西班牙殖民者

植物园一角

那样的好运，西班牙探险者登陆后，遇到的是有着千年文明史的印加文化和大量黄金、白银，而葡萄牙殖民者遇到的是处于氏族社会的原始印第安部落和大片蛮荒之地。唯一让葡萄牙王室产生兴趣和具有商业价值的是生长在巴西沿岸的一种被当地印第安土著称为“阿拉布塔”的树木。这种树纹路细密，色泽鲜艳，坚固耐用，经百年而不朽，可以造船和制作高档家具。这种我们姑且称之为“巴西红木”的树材在很长一段时间里成为巴西的主要经济来源。

巴西红木属槐科树木，适合生长在热带和亚热带地区，这是一种长寿树种，树龄可逾千年，它每年生长1米左右，大约可长二三十年，树高一般在15米以上，最高可达30米，树径逾1米。这种树的商品价值主要还不在于它是造船和做家具的优质材料，而因它的木质中含有一种红色染料。古时印第安人用这种红色染料来涂脸画身，葡萄牙人把这种红色染料用作当时欧洲紧缺的印染业的名贵原料。红色染料对于喜欢穿红色服装的欧洲权贵来说十分需要，1570年以后这种“阿拉布塔木”在欧洲名噪一时。葡萄牙商人称它为“巴西木”(pau–brasil)，因为该词由葡文“brasa”(炭火)一词转义而来，巴西红木的树干呈灰红色，酷似炭火。久而久之，人们便将这个盛产“巴西木”的地方直呼为“巴西”了，“巴西”这一称谓慢慢代替了“圣十字架地”，成为这个新“发现”国家的国名。

此后，殖民者大肆劫掠红木，运回

葡萄牙，谋取暴利。1500—1875年间，约7000万棵巴西红木惨遭砍伐。毁灭性的采伐使巴西红木数量锐减，濒临灭绝，今天的巴西人绝大多数从未见过“巴西木”。我们颇费了一番周折，才在里约热内卢的热带植物园内见到了一两棵，得以瞻其芳容。

近些年来，许多中国人的家里摆放着一种颇似青玉米或青高粱秆的绿色盆栽，大家都叫它“巴西木”，此木截取一段插入水中即可成活，巴西人称它为“水生木”(pau da agha)，不仅巴西有，拉美其他国家及非洲等热带、亚热带地区都有，并不稀罕，把此木与巴西红木混为一谈，实在是“鸠占鹊巢”，我们只得把真正的“巴西木”意译为“巴西红木”了。昔日“红似炭火，百年不朽”的真正巴西木虽只剩下了寥寥可数几株“幸存者”，但它却永远留在了巴西的历史上，留在了巴西人民的心中。

南十字星座在闪闪发光——巴西的国旗、国徽、国歌

大家都知道，国旗、国徽、国歌是一个国家的最高象征，代表一个民族的精神和尊严，故而，无论我们面前正在升起的是自己国家的，还是别国的国旗，无论我们听到奏响哪个国家的国歌，都会肃然起敬。巴西是个年轻的移民国家，却有着令整个民族为之骄傲的光荣历史，有着令人羡慕的大好河山，巴西人正是满怀对祖国的热爱，绘制了巴西的国旗，铸就了巴西的国徽，谱写了巴西的国歌。它们既是巴西的象征，又是巴西历史与民族精神的缩影。

巴西国旗对我们中国人来说是一面比较眼熟的外国国旗，在世界杯足球赛场上，或是国际体育竞技场上，经常能见到那面绿、黄两色的旗帜在飘扬。巴西历史上有过三面不同图案的国旗，反映了殖民时期、帝国时期和共和国初期的时代背景。巴西今天使用的代表巴西联邦共和国(República Federativa do Brasil)的国旗是1889年11月19日由推翻了王国政权新建立的共和国临时政府通过法令正式确定的。

巴西国旗是绿色旗面，中心有一个黄色的菱形图案。绿色代表巴西广阔的丛林，黄色则象征巴西丰富的矿藏和资源。菱形中心有一蓝色天球仪，天球仪上散布着27颗星星，代表26个州和1个

Tips

国徽

图案中间突出一颗大五角星，象征国家的独立和团结。大五角星内的蓝色圆面上有五个小五角星，代表南十字星座；圆环中有22个小五角星，代表巴西各州和联邦区。大五角星周围环绕着用咖啡叶和烟草叶编织的花环，背后竖立一把剑，剑柄在五角星下端。绶带上用葡萄牙文写着“巴西联邦共和国”，“1889年11月15日”(共和国成立日)。

联邦区。一条白色飘带将天球仪分为上下两部分，白带上用绿色的葡萄牙文字书写着："ORDEM e PROGRESSO"（"秩序与进步"），这是欧洲哲学家孔德的格言。

国徽被公认是国家的标志。悬挂国徽的场所总是让人感受到国家的权威和庄严。巴西国徽的正中为一颗大大的五角金星，象征独立和团结，金星周围饰以咖啡树叶和烟草叶编成的花环，代表这两种作物在巴西经济中的地位。金星的中心有一蓝色圆环，圆环上有22颗白色五角星，用以纪念最早组成巴西的22个州。中央的圆面上分布着四大一小5颗星，象征南十字星座，代表了巴西的地理位置处在南半球，金五星的背后光芒万道，金星下面露出一柄竖立的剑，装饰剑柄的三条蓝色绶带上分别用葡萄牙文写着国名全称"巴西联邦共和国"和纪念巴西推翻帝制建立共和国的日期"1889年11月15日"。

巴西的国歌雄壮、激越，它的旋律我们听来也不陌生，每当巴西举行盛大典礼或迎接来访国宾时，每当巴西的运动健儿或国家球队在国际赛场折桂夺冠时，耳边奏响的就是这首令人振奋的

鸟瞰伊瓜苏瀑布流域

巴西国歌。巴西国歌诞生于独立年代，1909年，著名诗人奥里索·杜克·埃斯特拉达根据著名音乐家弗朗西斯科·达席尔瓦1831年谱写的国歌乐曲填写了歌词，后经专家委员会审定，于1922年被定为国歌。歌词原为纪念1822年9月7日巴西独立而作，歌名为《听，伊比兰加的呼声》。缘起当时巴西摄政王佩德罗在圣保罗郊外伊比兰加河畔发出“不独立，毋宁死！”的呼声，表达了巴西人民对自由和独立的渴望和对祖国的热爱。如今，这一切虽已成为历史，但巴西人民捍卫独立、主权，追求更美好生活的斗争

Tips

巴西气候

巴西位于南半球，夏季从11月到2月，冬季从6月至8月。冬季的平均气温为13–18℃，偶尔会下雪。

国土80%位于热带地区，最南端属亚热带气候。北部亚马孙平原属赤道气候，年平均气温27—29℃。中部高原属热带草原气候，分旱、雨季。南部地区平均气温16—19℃。

大西洋沿岸热带雨林保护区属湿润的热带雨林气候，年平均降水量在1500–1750毫米之间，其中每年8–9月份和1–2月份降水极少，特别是对于内陆及远离海洋影响的地区，这个季节的干燥情况更为明显。全年空气的相对湿度大约在80%。一年中大都刮东风，春天风力尤为强劲；到了冬天，风从四面八方吹来，非常柔和。大西洋沿岸热带雨林保护区年平均气温为22–24° C。

仍在继续，昂扬、雄壮的国歌继续激励着一代代巴西人奋勇前进：

在伊比兰加平静的河岸上，
响起了英雄人民的呼声；
自由的太阳放射着光芒，
顿时把祖国的天空照亮。
…………
南十字星座在闪闪发光，
你有巨人的性格，巴西，
你美丽、坚强、勇敢，
你的前途无比辉煌。
…………

“上帝是巴西人”

来到巴西，当你面对那片美丽的山河和富饶的土地，情不自禁地发出赞叹时，巴西人总会自豪而幽默地说：“知道吗，上帝是巴西人，所以把所有美好的东西都赐给了巴西。”

巴西的确拥有许多得天独厚的东西，它是南美洲的巨人，土地面积涵盖近半个南美大陆，为世界第五大国，而且国土的62%，约4亿公顷为肥沃的可耕地，相当于全世界小麦、玉米、水稻和大豆种植面积的总和，甘蔗、咖啡产量全球第一，大豆、杂豆仅次于美国与印度，可可产量世界第四，尤为令人羡慕的是，迄今为止，巴西的可耕地只利用了30%，也许在全世界也是绝无仅有，土地资源开发潜力十分巨大。巴西地处南回归线与赤道线之间，拥有热带、亚热带、温带等多种气候，阳光充足，雨量丰沛，于是有了最多的植被，森林面积442万平方公里，覆盖率达52.2%。记得第一次

在亚马孙河捕鱼

巴西肉牛养殖发展迅速，现为最大牛肉出口国

去亚马孙访问，我们乘坐的飞机盘旋在世界上最大的热带雨林上空，俯瞰脚下无边无涯的林海，内心受到很大震撼。待回到地面，走进亚马孙丛林，我们又得知，这里集中了地球上物种最多样的植物和动物，木材储量位列世界前茅。

上帝给予巴西的，远不止辽阔的土地和适宜万物生长的气候，还有无穷无尽的地下宝藏。巴西是世界上矿产最丰富的国家之一，品位极高的富铁矿储量为350亿吨，其产量和出口均列世界第二位。它又是世界四大产锰国之一，拉美60%的锰矿在巴西。拉美已知具有工业价值的铬铁矿全部集中在这里。巴西铀的储藏量位居拉美首位，金矿的开采最早把葡萄牙人吸引到了这里，淘金热留下了许多既辉煌又悲惨的记忆。巴西还出产锡、铅、铝、镍等矿产，而近年来不断发现的新油田更是令世界嫉羡，丰富的能源使腾飞中的巴西如虎添翼，而大量的非金属矿藏，五光十色的绿宝石、蓝宝石、紫水晶、黄水晶、钻石等宝藏，无疑又为这片美丽的土地锦上添花。

巴西是年轻而充满活力的国家，一

位巴西哲人曾说："巴西是个大金矿，只不过巴西人尚未发现它。"应该说，今天的巴西人正在加紧探索和发掘"上帝"给予他们的丰厚馈赠，正在让这些财富更好地造福人民。

寓居巴西的岁月里，常常听到世界各地遭受严重自然灾难，造成巨大生命与财产损失的报道，而巴西给我们留下的印象几乎是年年风调雨顺。羡慕之余，深感巴西的确是上帝的宠儿，就像巴西人乐于承认的那样："上帝给了巴西世界上最大的森林，伴以可爱的蓝色海湾；他在山陵中埋下了黄金和蓝宝石，又在江河中撒下了钻石和黄金。他安排了免受飓风和地震袭击的气候，以及能生长任何一种你能想象出来的果品的土壤。"当然，应该再加以补充的是，巴西人民并未满足于上帝的"恩赐"，沉醉于资源的富有，他们从未停止过奋进的脚步，他们一直在努力开拓，追求新的腾飞。

绿色的巴西大地

初到巴西，最让我陶醉的是那些青葱翠绿的树木，不仅在亚马孙地区能看到浩瀚的热带林海，海边的山岭上、城市的每一块空地上都长满了树木，到处都是赏心悦目的绿色，还有盛开的西番莲花，高大、伟岸的亚马孙丝绵树。记忆最深的，是第一次迎着朝阳看见一只小小的蜂鸟，扇动美丽双翅停留在半空中，将细细的尖嘴伸进花蕊的一幕；是第一次有一只绿色的亚马孙鹦鹉振翅飞来，轻轻落在我手臂上的令人激动的瞬间；以及第一次见到大沼泽的河网间匍匐着无数条晒太阳的短唇鳄时感受

巴西北部盛产各种热带水果

到的惊愕。那些经历给我留下的巴西印象是一种天然、质朴和近乎天人合一的境界。

经过一段时间的生活与体验，我开始明白，无论是里约热内卢的白色沙滩，还是亚马孙的热带丛林，都不足以代表整个巴西的自然环境。辽阔的巴西疆土朝东西南北四面铺展开去，有高原、低地和平原，大部分为低海拔地貌，至今在城市之间还留存着未经开发的无人地带。全国67%的国土被原始植被覆盖，亚马孙的热带雨林、南部山地的南洋杉、沿海潮间带的红树林，以及大西洋海边的棕榈树编织成一道道美丽的风光。巴西地处赤道线和南回归线之间，有着热带、亚热带、温带和半干旱气温区等多种气候的特征。它拥有世界上最大的水网，水量充沛的河流，海岸线绵延7367公里。不同的植被、气候、温度为

壮丽的伊瓜苏大瀑布群

福尔特海滩海龟的保护地

卡皮瓦拉山区的原始岩画

适应不同环境的动植物提供了多样性的生存条件，于是，巴西成了世界上动植物资源最丰富的国家之一，于是有了飞鸟和鱼类的天堂，有了凶禽猛兽的乐园，有了彩蝶纷飞的花果山，让我们看到了体小如蜜蜂的蜂鸟，巨喙如身长的巨嘴鸟，体长仅40厘米的世界上最小的绒猴，以及十几米长的巨蚺。当你穿行在这里的海滩、森林、瀑布和世间罕见、变化多端的地形与植物之间时，你会惊叹大自然的多元性，同时尽情享受它为世人创造的无与伦比的美妙景色。巴西有许许多多国家公园，巴伊亚州的迪亚曼蒂纳台地的溪流、瀑布、高地形成了多姿多彩的景色，足以让你流连忘返；假若你在1—6月里来到伯南布哥州的费尔南多诺尼亚国家公园，在大大小小岛屿的海滩上，你可以看到成群上岸产蛋的海龟，还能欣赏在碧海蓝天间跳跃表演的海豚；旅游胜地伊瓜苏有让你震撼的世界最大的瀑布群；马拉尼昂州的沙滩湿地又会为你展现完全不同的风光，蓝绿色的湖泊映衬着高达40米的沙丘，绵延数十公里的沙漠海滩上栖息着各种候鸟；而来到皮奥伊州的卡皮瓦拉山则会向你展示一个世界上最大的考古区集中地，3万多幅原始岩画将原始人的日常生活鲜活地绘刻在沉积岩岩壁之上，被列入

巴西已成为世界上第二位大豆种植和出口国。

了世界文化遗产名录。

毋庸讳言，近几十年来，工业化进程给巴西带来了发展，也对生态环境造成了相当程度的破坏，亚马孙森林被滥砍和盗伐及无序开发已引起各方关注，从20世纪70年代起巴西政府在亚马孙地区划定了124个生态保护区，以保护那里的生态系统、植被和动物。巴西环境与可再生资源局也宣布巴西全国已建立了220多个动植物保护区、水文资源地、保留地及风景区，43个国家公园专用于科研、教学、娱乐与观赏。巴西在保护城市环境方面也取得了喜人的成就，出现了像库里蒂瓦这样世界闻名的人类宜居城市，遍及全国的绿色运动正方兴未艾。

绿色象征的是和平，是希望，巴西国旗的旗面是柔柔的绿色，连活跃在绿茵场上的巴西足球健儿们展现在世人面前的球衫也总是柔柔的绿色，谁能说这不是巴西人的偏爱与选择？绿色，也是全世界的向往与选择。

巴西的可耕地是中国的三倍

我们常常带着几分自豪的口气告诉外国朋友：我国用全球可耕地中不到百分之七的土地养活了全人类五分之一的人口。国际友人也赞许说，这是中国对人类的一大贡献。我们到了巴西后才知道，巴西国土面积相当于中国的十分之九，人口却不及中国的七分之一，而拥有的可耕地竟是中国的三倍，巴西农业呈现的是另一番令人羡慕的景象。

巴西国土辽阔，土地肥沃，气温较高，阳光充足，雨量丰沛，可耕地占领土面积的60%以上，达3.88亿公顷。我国的耕地总数现为18.26亿亩，合1.14亿公顷，不及巴西的三分之一。巴西80%以上的土地尚未被开发利用，耕地面积还在不断扩大。已开发的土地中不到10%用于种植农作物，20%左右的土地为牧场，其余的可耕地闲置。这就是说，土地的利用率不足30%，垦种指数很低，土地资源的开发潜力巨大。

农业在巴西经济中占有重要地位，农业产值在全国GDP中占13%左右。全国有580万农户，农业劳动力有1810万人，占巴西劳动力6990万人中的25.9%。巴西粮食产量最高年份曾达8000万吨。2007年大豆产量5100万吨，居世界第二，仅次于美国。巴西是玉米主要生产国，2006年玉米产量达4300万吨，居世界第三位。在经济作物中，咖啡占有重要地位，是世界第一咖啡生产和出口国，2006年生产4060万袋（每袋60公斤），占世界产量的30%，出口为2600万袋，占国际市场的22%。巴西甘蔗产量达3亿吨，居世界首位。

特别引起我们注意的是，巴西发展农业主要还不是靠它得天独厚的自然条件，而是依靠科学技术发展高新绿色农业。早在上世纪70年代初，巴西政府就制定了科技兴农战略，培育良种，改良土壤，控制虫害。我们在巴西时，蓬勃开展的“绿色革命”已初见成效。大豆是中国北方寒冷地区的作物，上世纪50年代初，中国人将大豆引进南大河洲，开启了巴西的大豆种植业，此后巴西经过不断优化品种和反复试验，得以在炎热的亚马孙地区大面积种植并喜获丰收，近十年来，大豆产量翻了4番，最新的大豆品种产量每公顷达到3吨。他们还培养出适合本国气候和土壤条件的小麦品种，使小麦平均产量增加了72%。利用遗传选择制成了几种有效的生物杀虫剂，在制止虫害上发挥了重要作用。巴西科学家还培育出棕色、乳白色和绿色棉花，和适合中西部地区条件的无菌种子。

近年来，巴西政府又出台了“农业优先计划”，规定发展能源作物甘蔗和其他经济作物的同时，大力发展粮食生产，不断扩大种植面积和提高农作物产量。当前，“粮食安全”问题已成为世界各国关注的焦点，巴西是世界上农业生

Tips

巴西交通

巴西公路运输占全国运输总量的70%，铁路占17%，水路不足10%。公路总长150万公里，铁路总长3.03万千米。主要港口有维多利亚、桑多斯、里约热内卢等。

航班及出行信息

由国内至巴西可选择航线较多，常见航线有：经欧洲可选法航、德国汉莎、荷兰航空等，经约翰内斯堡可以选择南非航空公司，经美国可以选择美联航的班机，但需要准备美国签证。其中欧洲转机时间较长，机场花费较高，请您提前做好准备。

巴西境内航空公司主要为TAM、GOL和VARIG（VARIG因经营不善于2007年3月被GOL收购）。

产增长潜力最大的国家之一，“21世纪的世界粮仓”已成为巴西的新代名词。

甘蔗不止是甜的——巴西发展生物燃料

茂盛的甘蔗地

谁都知道甘蔗的主要用途是制糖，蔗糖是人类日常生活中必不可少的食品。世界上大多数地处热带或亚热带的国家都种植甘蔗，生产和出口蔗糖。在拉丁美洲，除了古巴等几个加勒比岛国盛产甘蔗并被称为“世界糖罐”外，南美大陆的巴西也是世界著名的蔗糖生产大国，而且巴西种植甘蔗和生产食糖的历史比加勒比国家还早。

早在16世纪中叶，由于欧洲市场对食糖的需求急剧增加，巴西，特别是它东北部地区的土地和气候非常适合甘蔗的生长，再加上廉价的奴隶劳动力，很快成了世界主要甘蔗生产地和食糖的主要出口基地，1570—1650年间巴西出现了甘蔗生产高潮。后来由于西班牙和荷兰殖民者在加勒比地区发展甘蔗种植，巴西的甘蔗种植开始衰退。20世纪90年代巴西经济对外开放以后，甘蔗种植业又得到长足发展，1990—1995年间，巴西蔗糖年产量达到1200万吨。如今，巴西已成为世界上最大的蔗糖生产国和出口国，平均每年生产蔗糖3020万吨以上，2006年巴西出口蔗糖2000万吨，占世界消费量的30%。

我们初到巴西时，走在圣保罗街上总会闻到一股飘散在空气中的淡淡的酒精气味，甚感诧异，一打听才知道，原来在街道上穿梭行驶的汽车一半以上是以乙醇为燃料的，于是发现甘蔗在这个国家除了制作食糖外，已有了新的、更加重要的用途。我们一般都知道，甘蔗的副产品糖蜜可酿酒、制酒精（乙醇）及提取乳酸和蜡，而对从甘蔗中提取乙醇当作燃料代替汽油则前所未闻，更不曾想到，20年后，从甘蔗中提取乙醇作为替代能源竟成了全世界都在热议的重大经济问题。

回顾20世纪70年代，受两次世界石油危机的冲击，巴西国内汽油价格急剧上涨，当时巴西还是一个石油短缺的国家，其国内所需石油的80%依赖进口，国际油价上涨严重冲击了巴西经济，首当其冲的是汽车工业，国内汽车销量因油价昂贵而大幅度下降。面对这一严峻形势，巴西政府采取了一系列措施，其中最主要是制定《国家酒精计划》，充分利用巴西丰富的甘蔗资源生产乙醇替代汽油，减少石油进口。与此相应，汽车工业也另辟蹊径，研制出以乙醇为燃料的新型汽车。为扩大乙醇汽车的生产和销售，巴西政府还向生产者提供财政补贴，以降低乙醇汽车和乙醇燃料的售价。我们刚到巴西那一年，以乙醇为燃料的汽车占了新增汽车的96%。目前巴西全国80%的汽车使用乙醇和汽油混合燃料。

近几年，石油价格的飙升再次让许多国家面临新的能源危机，巴西采取过的这一具有战略意义的创举引发了人们新的思考：其他甘蔗生产国能否效仿巴西利用甘蔗大量生产替代石油的生物燃料？粗略的调查结果表明几乎毫无可能。世界上绝大多数甘蔗生产国土地资源的利用已达极限，不可能也不应该挤出生产粮食和其他经济作物的良田去扩大甘蔗种植。据了解，在这方面只有美国和巴西尚有巨大潜力，尤其是巴西，它现在已是世界最大的酒精生产国，2006年生产174亿公升，其中出口10亿公升。酒精的一部分用来生产药品、食品、香料和化妆品，另一部分，即大部

从甘蔗中提取乙醇（酒精）作燃料是巴西的一大创举

分用来生产加进汽油用的乙醇（水合酒精）。2010年巴西的酒精生产将提高到200亿公升以上。不久前，我们听卢拉总统说到："巴西有优越的条件，我们有8.5亿公顷土地，其中3.6亿公顷在亚马孙地区，4亿公顷的良田用作农业，而甘蔗田只占1%。"看来，在甘蔗利用的问题上，其他国家也只能又一次感叹"上帝是巴西人"了。

今天你喝过巴西橙汁了吗？

如果我们贸然向你提出这个问题，你一定会说："没有呀，我平时喝的是国

产橘子汁。”这就是了，只要你喝过我国一些著名厂家出品的橘子汁，你就一定喝过巴西橙汁了，因为国内市场上现在出售的那些大家熟知的品牌橘子汁，都不同程度地兑入了巴西橙汁，有的60%是从巴西进口的鲜橙汁，也有的瓶子上直接标明是“巴西橙汁”。曾几何时，橙汁在中国还是较奢侈的消费品，一般只在飞机上或宾馆里能喝到纯鲜橙汁，近年来，甜美可口的橘子汁已成为寻常百姓家的日常饮料了。

我国冷冻橙汁主要来自巴西、美国、以色列及荷兰，其中巴西占主要位置。自2002–2008年以来，巴西冷冻橙汁出口到中国每年都在2.5万吨以上，近几年已达4万吨。所以，说你喝过巴西橙汁不足为怪，只不过你没有觉察到罢了。

巴西独特的自然地理环境，使它成为世界上水果的主要产地之一，在水果中最突出和发展最快的是柑橘。巴西柑橘的60%用于加工浓缩橘汁供出口，巴西已成为世界最大的柑橘浓缩汁生产国。目前，世界消费的80%的浓缩橙汁是巴西出售的，2004年巴西出口达125万吨，圣保罗州生产的橙子差不多占全国总产量的90%，2005年生产3.6亿箱，相当于1800万吨。

记得1989年我们在圣保罗曾应邀出席过一次别开生面的招待会，盛大的午餐招待会在桑多斯港货运码头旁一艘万吨级冷藏船上举行，为的是庆祝巴西出口冷冻橙汁满100万吨，应邀出席的嘉宾有各界社会名流和外交使团，总统也到场祝贺，盛况空前。我们在参观冷藏船时得知，巴西橙汁从果园采摘、榨汁后直接通过密封管道输往码头冷冻库，然后输入万吨冷藏船，运往国外，消费者喝到的是十分新鲜的纯净橙汁。当时我们只当新鲜事听了，认为进口巴西橙汁对中国来说也许是没必要的，何曾想到，20年后中国也成为巴西橙汁的重要进口国了。如今，巴西也许已庆祝过出口冷冻橙汁满亿吨了吧！

Tips

巴西特产 1

果汁：巴西盛产热带水果，有些是我们根本没见过的。在街上就可以买到各式果汁，新鲜纯果汁喝来真是消暑解渴。巴西人常在果汁里加上牛奶，很符合中国人的口味。

蝴蝶标本：巴西有大片的热带雨林——亚马孙，它简直就是地球的肺部。因为它的特殊地理环境，亚马孙森林中有许多珍奇的物种，蝴蝶就是其中之一。有成千上万科学家都还没有命名的蝴蝶，其中有的煞是美丽。

宝石：假如你到集市上走走会有人向你兜售大量的宝石，样式很好看，质地不错，主要是价钱不贵还可以砍价，可以做礼物送人。

凡到巴西的游客，大多无法抗拒宝石的诱惑。选购宝石要注意四点：色泽、切割、纯净度和价格。彩光越强的宝石价格越高。

全球知名的大珠宝公司都在巴西设有分店

五光十色话宝石

第一次知道巴西产宝石是在看过一场电影之后，影片讲述一个国际犯罪团伙如何从巴西走私宝石的故事。从电影中我看到了五光十色的宝石，记住了巴西出产宝石。许多年后，我们被派往巴西工作，进一步了解到巴西是个资源大国，不仅有储量丰富的铝、金、铁、锰、镍等矿藏，还是盛产宝石和半宝石的大国，全球65%的宝石和半宝石产自巴西，于是，宝石又为这个遥远的国家罩上了一层珠光宝气。

在巴西工作的4年间，走访了它的许多城市与乡村，果然是地大物博，各类金属矿藏全球屈指可数，非金属矿藏更是无人可与比肩。位于巴拉圭河上游地带和大西洋沿岸之间的巴西地区是生产宝石的重要地带：巴伊亚州名贵的绿宝石，南里奥格兰德州的玛瑙、紫晶石，米纳斯吉拉斯盛产的黄晶和蓝晶，以及米纳斯吉拉斯、戈亚斯和巴伊亚州的水晶等等。我们常驻圣保罗，周末假日得空，也到市区和城郊的市场去逛逛，那里出售各种巴西特产和手工艺品，其中用宝石和半宝石制作的饰品，最受到顾客、尤其是外国游客的青睐。圣保罗的“自由区”(Libertade)是该市宝石商店最为集中的地方，在一个接一个的宝石店

在一家珠宝商店里

里，琳琅满目地陈列着各种宝石和半宝石，有帝王玉、海蓝宝石、蓝水晶、黄水晶、红水晶、绿碧玺、猫眼石、石榴红、玛瑙、紫晶等等，以及用这些宝石和半宝石制成的形形色色的首饰和工艺品，在那里你总能看到众多顾客在鉴定宝石的品种和成色，精心挑选款式，一番讨价还价后，满意地提着大包小包离去。巴西还是仅次于哥伦比亚的世界第二大绿宝石生产国，如果你想购买高档祖母绿、钻石一类贵重饰品，那就得去装潢考究的知名大公司，巴西拥有几乎全球各大著名珠宝公司的分店。要是只想购买一般品质的，还有另一去处，那就是市中心的“共和广场”，平时那里是绿草如茵的美丽公园，一到周末便摇身一变，成为了露天市场，挤满了经营各种宝石、半宝石制品、绘画、服装及其他各类工艺品的店铺，还出售各种珍稀的动植物化石和用大闪蝶拼成的蝴蝶画。这里可以讨价还价，广场里人群熙攘，好不热闹。后来我们发现，在首都巴西利亚、在里约热内卢和其他城市也都有这类市场，最有名气的是巴西利亚附近的小城克里斯塔丽娜(Cristalina)，过去这里曾是丰富的宝石产地，经大量开采后矿源已经枯竭，但由于久负盛名，人们还是不断地把别处采集的宝石运到这里来出售。走进小城，街道两旁宝石商店栉比鳞次，价格也远比别处便宜，是游客们偏爱的去处。如果你去米纳斯州的黑金城欧罗普雷托，那里更是有名的可以“淘宝”的地方。

可以说，到了巴西，无论你走到哪里，都能看到和买到瑰丽诱人的宝石；凡是到过巴西的人，也一定会带回几件

在潘塔纳尔的湖泊中垂钓是最大的享受

宝石饰品，或赠友，或作美化生活的点缀。一盆从巴西各地采集的五光十色的宝石彩蛋，半截被剖开的莹光熠熠的蓝水晶原矿石，无不让你赏心悦目，感受到宝石美的愉悦，而美好的记忆又会把你再次带回大西洋彼岸的巴西。

鸟与鱼的天堂——潘塔纳尔大沼泽

我们是在南半球的冬季8月份来到马托格罗索州的，据说这是到该州南部潘塔纳尔沼泽地（Pantanal）旅游的最好季节，每年10月到次年4月为雨季，水位很高，1、2月份又热又湿，唯有冬季，大水消退，凉爽而干燥。巴西潘塔纳尔大沼泽地被认为是世界上最大的生物保护区之一。巴拉圭河泄下的水流形成

这里是短吻鳄的天下

金刚鹦鹉广布于巴西热带丛林

54.8万平方公里的积水面积，其中2/3在巴西境内，即所谓的“大沼泽地”，经过这里的河流有10条之多，区内沟壑纵横，水潭密布，灌木丛生，杂草茂盛。潘塔纳尔汇集了世界上最丰富的动物资源，有650多种鸟、350种鱼以及大量的爬行动物和其他动物种类，鸟类中大部分为水鸟和涉禽，包括白鹭、朱鹭、蓝鹭、绿色长尾鹦鹉、林鹳……于是，这片巨大的绿洲成了名副其实的鸟鱼的天堂。

我们的汽车驶进潘塔纳尔腹地，但见满目苍翠，沟壑、河滩两旁不断有三三两两身披黝黑“铠甲”的短吻鳄爬上沙滩晒太阳，有的地方甚至出现十几条、几十条短吻鳄聚在一起，半闭着眼睛享受阳光，它们懒洋洋地躺着，悠然自得，毫不在意从身边驶过的汽车及路人，俨然像告诉人们，这里是它们的天地，它们才是这里的主人！

我们下榻的宾馆面对一片开阔的湖泊和灌木丛林，一来到这里，便有种

进入了世外桃源之感：深吸一口空气，一股清新气流沁人肺腑，传遍全身，顿感周身上下、每一个细胞都清爽舒展！再就是你能强烈感到的超常宁静，远离城市喧嚣进入万物竞自由的境界，一切都是那么舒缓、自然、祥和，轻风吹动树叶、鱼儿跃出水面的细微声响无不清晰可闻，于是，你的内心似乎也像平静的湖水，感受那种异乎寻常的安宁。午后，驾舟在湖中寻得一片荫凉水域开始垂钓，技术高超的用蟹肉作诱饵钓起一尾尾肥硕的土库纳雷鱼，我们这些技术平庸的只会用牛肉钓体形小些的鱼，包括“吃人鱼”，此鱼性虽凶残，却极易上钩。兴正浓时，突然水草下传出一阵水响声，两条短吻鳄从水草中窜出，吓得我们连忙调转船头逃离。

天色将晚，漫步到湖边，走进建在湖面上的一个圆顶草亭里，凭栏远眺，但见天际忽然出现大片“云霞”，眼看“云霞”迅速扩大，乃至遮天蔽日，自我们左侧飞速向右“飘”来。“林鹳！”我们异口同声地叫了起来，它们是大沼泽的象征！只有它们才能汇成如此浩荡的

观看白鹳飞鸟归巢万树“梨花盛开”的美景

队伍，当成千上万只白鸟飘落在湖对岸的灌木林中时，我们眼前又呈现出另一幕令人震撼的奇观，那片树林竟像是刹那间开满了“白花”，鸟满枝头，如千树万树梨花怒放！这一绝妙画面从此深深铭刻在了我们的脑海，每当想起此情此景，耳边便会响起当地那首美丽的歌谣：“大沼泽好宽广，似天空，似海洋……鸟鱼一天堂。”

泛舟世界第一大河

亚马孙河，一个你从小学课本上就读到过的名字，它虽然流淌在地球另一边的南美洲，却与全人类的命运紧密相联。

亚马孙（Amazonas）这个迷人的名字原本是古希腊神话中一个骁勇善战的女性部落的称呼，为什么当年欧洲殖民者要用这个名字命名这条大河，这个疑问尚待考证，但现代科学已准确测定，亚马孙河的源头来自安第斯山脉的积雪与冰川，它流经秘鲁、巴西、玻利维亚、厄瓜多尔、哥伦比亚、委内瑞拉、圭亚那和苏里南等国，浩浩荡荡，千回百转，带着雷霆万钧之势注入大西洋。它的确切长度说法不一，近几十年人们经过实地勘察，认为亚马孙河的源头应延伸到秘鲁的瓦格罗峰脚下，总长应为7025公里，当属世界第一长河。它在流经途中接纳了1.5万多条大大小小、明明暗暗的支流，形成全球最大的水系网，

鸟瞰莽莽的亚马孙森林

流域面积达705万平方公里，占南美大陆总面积的40%，几乎大于澳洲。每年注入大海的水量占世界总量的五分之一，是世界上流量最大的河流。

我们到亚马孙州首府马瑙斯市访问时是赤日炎炎的10月，气温超过40摄氏度，但这丝毫没有影响我们亢奋的心情与游兴。从马瑙斯登船出发，我们沿索雷蒙斯河顺流而下，一面欣赏两岸茂密的绿色丛林，一面体味在世界最大河

作者在亚马孙河上感受泛舟的激动与乐趣

流上泛舟的乐趣，望着浩瀚的河水，惊叹大河的辽阔。陪同的朋友笑道，我们

Tips

亚马孙河

气候：流域内大部分地区为热带雨林气候，年均降水量2000毫米以上。多雨、潮湿及持续高温是其显著的气候特点。

自然奇观：亚马孙河还有一个世界自然奇观——涌潮。在穿越了辽阔的南美洲大陆以后，亚马孙河在巴西马拉若岛附近注入大西洋。亚马孙河的入海口呈巨大的喇叭状，海潮进入这一喇叭口之后不断受到挤近而抬升成壁立潮头，可以上溯600—1000公里。一般潮头高1米—2米，大潮时可达5米。巴西人把亚马孙海潮称为"波波罗卡"，涌潮时游人争相前往。每逢涨潮，涛声震耳，声传数里，气势磅礴。

这里是亚马孙河的中游，河宽才5公里，下游河面可达20公里，近入海处，河流分成若干支流，河面扩展至240公里，其中仅主流就宽达80公里，那才是名副其实的“海河”哩！可以想象它的入海口该是多么的气势磅礴。据告，亚马孙河的下游河宽且深，万吨级巨轮可以驶入距河口近2000公里的所有口岸，为世界其他大河所望尘莫及。

有人说亚马孙是条彩色的河，汇入它体内的有白水河、清水河、黑水河、黄水河，还有棕色的和蓝色的支流，白水河源于冰川融汇的湖泊，黑水河穿越过带有大量黑色腐殖质的森林沼泽，棕色和蓝色则来自含有不同矿物质和化学物质的支流。我们来到离马瑙斯20多公里的内格罗河（即黑水河）河口与索雷蒙斯河（即白水河）交汇处，船至江心，一个精彩绝伦的景象呈现在我们眼前：黑河水墨黑晶亮，云彩斑斑；木河（即马德拉河，亦称黄水河）水色橙黄，漩涡团团。两股水流相汇而互不相犯，各自保持着自己的本色，齐头并进，向下游流去，形成一条六七十公里长的分水线，一边黑，一边黄，“泾渭分明”，蔚为壮观。我们问船主人为何出现这等奇景，答案是：两水不相容，主要是由于河水比重、流速、温度不同造成的。黑河和木河最终融合在一起，形成浩荡壮阔的亚马孙河主流，奔腾东去。

亚马孙河是条富饶而充满了魅力的神秘河流，它用自己的乳汁孕育了世界最大的热带雨林，使亚马孙河流域成为世界公认的最神秘的生命王国。它

亚马孙河上的奇观：两河相汇并流，奔流中却保持着泾渭分明的分水线

亚马孙河上的一处码头

囊括了全球十分之一的植物和昆虫种类，仅鱼类就至少有3000种，吸引着来自各地的游客前往垂钓。就在这“三江口”，我们见到了另一奇观：十多条粉红色的河豚突然出现在游船前方，它们游姿优雅，跳跃嬉戏，时而跃出水面，作“鱼跃龙门”的表演，俨然像群技艺高超的舞者，我们这些“观众”情不自禁地发出了阵阵欢呼和掌声。朋友们说这些美丽的精灵原是生长在大西洋里的海豚，为觅食溯流而上，生活在淡水之中，千万年后演化成了河豚，是不时出没在这片水域的珍稀品种，它们由一般海豚进化而来，其颜色随年龄、活动和生活所在地的不同而变化。由于黑河和木河的河水中带有大量食物，两河汇合处便成了河豚们繁衍生息的乐园，粉红色的河豚是亚马孙河无数神话与幻想的源泉。

也许你只在亚马孙河上作过短暂的停留，仅是匆匆一瞥，它的美丽、神秘与魅力却会给你留下永恒的记忆。

走进地球的肺叶——亚马孙热带雨林一瞥

在许多人心目中，亚马孙河和亚马孙热带雨林等于是巴西的别名，亚马孙地区虽然分属7个国家，但其总面积的70%和总人口的70%均在巴西境内，而亚马孙部分又占了巴西领土总面积的61%，于是，在人们想象中，到了巴西不到亚马孙不能算是真正到过巴西。而且，正是那片浩瀚无边的亚马孙林海，向人类提供了维持生命所需氧气的三分之一，它是名副其实的“地球的肺叶”，又是一座大自然的宝库，奇禽异兽生息的乐园。亚马孙，充满了魅力，永远笼罩着神秘的面纱，多少人为之神往。

亚马孙地区闷热多雨，地面常年覆盖着厚厚一层腐烂的树叶。每当雨季，暴雨伴着雷电袭来时，潺潺细流转眼间汇成为滔滔巨浪，河水会迅速上涨，但雨一停，瞬息间一切又平静如常。我们访问亚马孙时是在旱季，到达的那天气

亚马孙雨林

温42° C，林间的湖泽水潭积水不很深，水边木屋的脚架半截露出水面。我们在朋友陪同下，沿着一条架设在水面上的木板小道，穿过树丛，向密林深处走去。两旁密密匝匝的参天乔木，有的高达几十米，遮天蔽日，层层掩映。朋友指着一棵形状独特的大树说，你要是在林中迷路，敲击此树的根部，发出的响声可传至十几公里以外，土著人叫它“电话树”。他还告诉我们，这里还生长着一种神奇的“果拉娜”树，你若是在林中迷失，果拉娜的果实不但可以充饥，还有强身健体的功效，至于其他具有经济价值的林木，如橡胶树、桃花心木等等，更是不计其数。“你们看！”我们的目光顺着他手指向远方望去，那是一片望不到边的绿色丛林。“这里面杂生着5.5万多种植物呢！”我们连忙点头说，这的确称得上是

亚马孙河畔的印第安人家

世界上植物资源最丰富的宝库。

一路走去，紧靠木板小径还架设着多处水上商铺，专门出售印第安人制作的各种手工艺品。水上栈道的尽头是一片湖泽，水面漂浮着许多直径逾两米的绿色圆叶，这就是帝王莲，亚马孙雨林中的奇葩！我们驻足观赏良久，想起曾见到过一张三四岁小童坐在帝王莲叶上不会下沉的照片，见了实物，信非虚传。步行至此，朋友带我们换乘了游船，穿行在幽暗、狭窄的林中水道上，领略着一种从未有过的新奇与乐趣。忽见迎面有一六七岁印第安女童熟练地驾着独木舟，航行在曲折的水道上，舟中放

大名鼎鼎的“帝王莲”

着盐罐，看来她是到附近商店去购买食品的，女童的出现为这片僻静、阴暗的水域平添了一抹温暖的生活气息。为了招揽游客，当地人还在水上建起了小商店和休息站，出售冷饮和展示亚马孙特有的小动物，有似猴非猴，似熊非熊的

棕色树獭，这家伙前肢很长，以叶为食，有人摸它，便发出吱吱的叫声，它那倒悬树上两三天才下来一次的习性，为它博得了“懒猴”的别名。朋友又抱出一条三四米长的大蟒，众人着实被这庞然大物吓了一跳，几个大胆的男士却抱着它合影留念。最后店主引我们去看一条被关在铁笼里的大黑鳗鱼，外观平凡无奇，竟是大名鼎鼎的亚马孙特产“电鳗”，据说，它身上发出的静电能击倒一头大野牛，人碰触到正在发电的电鳗，相当于把湿手放进220伏的电插头内。为了证明此话的真实，店主递过一根粗铁丝，问谁愿一试，这次，包括男士们在内，无一人敢应诺。巨嘴鸟是亚马孙另一极具象征性的飞禽，个头大的身长近56厘米，有一张橙色的大嘴，白囊黑羽和蓝色的眼皮，长嘴有20多厘米，甚是锋利。色彩斑斓的金刚鹦鹉是亚马孙森林的美丽精灵，此鸟虽生活在莽莽林海，却很习惯与人亲切相处，熟人招呼它，便会振翅飞来，落在你的手臂上。至于呼啸森林的的美洲豹、美洲狮等珍奇猛兽，它们是印第安人崇拜的神明，美洲豹的智慧、力量和矫健是世代印第安人灵感的源泉，也是印第安文化与各种神话、传说的重要内容。它们只出没于密林深处，我们只有在马瑙斯的动物园里才得一见。

不用怕，懒猴和巨蚺都是和平的动物

天色将暮，朋友催我们返回，说游客能到的地方都是经过开发的，真正的密林深处人迹难至，谁也不敢轻易冒险。我们虽感游兴未尽，但深知在这浩瀚、神秘的亚马孙热带雨林里，能够窥见全豹之一斑，当知足矣。

> **Tips**
>
> **大西洋热带雨林保护区**
>
> 气候：大西洋沿岸热带雨林保护区属湿润的热带雨林气候，年平均降水量在1500–1750毫米之间，其中每年8–9月份和1–2月份降水极少，特别是对于内陆及远离海洋影响的地区，这个季节的干燥情况更为明显。全年空气的相对湿度大约在80%。一年中大都刮东风，春天风力尤为强劲；到了冬天，风从四面八方吹来，非常柔和。大西洋沿岸热带雨林保护区年平均气温为22–24°C。

亚马孙丛林中的巴西印第安人

提起亚马孙，你可能立即会联想起那片浩瀚的原始热带雨林，那条汹涌奔腾的大河，我这里想对你说的却是生活在亚马孙丛林中的那些神秘部落——巴西印第安人。今天，无论在中美洲的原始森林，还是在南美中部的崇山峻岭中，都有美洲印第安人的身影，巴西印第安人则主要生活在亚马孙地区的河网地带。他们依然选择远离现代社会，隐身密林深处，过着与大自然相依相存的原始生活。然而，历史告诉我们，印第安人才是美洲最早的真正的主人，他们的祖先在这片土地上创造了美洲最辉煌的早期文明，为人类留下了无数珍贵的文化遗产。据说，葡萄牙人到达巴西时，那里还生活着500万印第安人，他们分属227个不同的部落，使用175种语言，过着天人合一的无忧无虑生活。500年

马蒂族印第安人

前发生的最残酷的殖民掠夺与屠杀，完全改变了他们的命运。据1639年西班牙传教士的描述，当时亚马孙的印第安人居住还很密集，但殖民者的屠杀以及欧洲人带来的疾病使他们几近灭绝。今天，巴西土著印第安人口已经降到不足20万，在巴西的总人口中只占0.16%，部落的总数仅在20世纪就减少了三分

丛林中的印第安民居

辛古族印第安人

之一。这一触目惊心的事实促使巴西当局成立了维护印第安人权益的机构“全国印第安人基金会”（FUNAI）。1988年巴西新宪法第一次认可印第安人有权保留他们的土地、文化和语言，宪法还赋予印第安部落代表自己利益的权利，全国设立了200多个负责处理涉及印第安部落问题的机构。巴西印第安人的命运开始发生新的变化。

随着时间的推移，亚马孙地区的大部分印第安人已逐渐被同化，但他们依然依恋着亚马孙的森林与河流，靠耕作捕鱼过着自给自足的生活。直到前几年，在亚马孙森林深处还发现了前所不知的新的印第安部落。分散在这一片河网中的不同印第安部落数目众多，各有自己的语言与传统，但都崇拜大自然。太阳、月亮、雷电和出没丛林的各种动物都是他们心目中的神灵，他们在莽莽林海中繁衍，延续着本民族的传统与神话。自称月亮之子的佐埃族，以家庭为主的群体库里那帕诺族，一夫多妻的辛古族，乃至会微缩人头的猎人族等等，都为印第安人部落蒙上了十分神秘的面纱。为了生存与自由，印第安人没有停止过反抗与斗争。1992年，当西方准备大张旗鼓地庆祝“发现”新大陆500周年时，拉丁美洲和加勒比地区掀起了一片反对的声浪，他们说，美洲不是被“发现”的！美洲早有自己的文明，庆祝“发现美洲”犯有“欧洲中心论”的错误，哥伦布的远征意味着相互隔绝的两个半球上的人民彼此接近和相遇，因此，拉美的进步学者一致认为，把“美洲的发现”改为“两个世界相遇”或“两个文化汇合”才符合当今时代的历史观。2000年4月，在纪念“发现”巴西500周年的时候，巴西印第安人组织举行了愤怒的抗议和游行，他们说，对巴西的“发现”其实是一次殖民者的入侵，导致了500年来对印第安人的种族灭绝、奴役和剥削。

是的，历史正在恢复它本来的面貌。人们不禁会想起巴西诗人奥斯瓦尔德·德·安德拉德（Oswaldo de Andrade）在《食人者宣言》中的一句话：远在葡萄牙人发现巴西之前，巴西就已经发现了幸福。

Tips

巴西特产2

果拉娜：是亚马孙地区特产的一种野莓，内含咖啡因、维生素，以及丰富的生物碱、单宁酸、蛋白质等。所制成的饮料风味独特，也是一种健康饮料。

蜂胶：来自亚马孙河的圣品，巴西原装天然蜂胶，大自然赐予人类的珍宝，上帝赠予人类的恩惠。强化机体免疫力，抗菌解毒，消除炎症。

Tips

亚马孙热带雨林（Amazon Rain Forest）旅游

位于南美洲的亚马孙河是世界上流域最广、流量最大的河流。它水量终年充沛，滋润着800万平方公里的广袤土地，孕育了世界最大的热带雨林，并被公认为世界上最神秘的“生命王国”。虽然长度在世界上处于第二位，但流量是世界上最大的，比其他三条大河：尼罗河、密西西比河和长江的流量总和还要大，亚马孙河的流域面积也是世界上最大的。

亚马孙河流域面积达到691.5万平方公里，相当于南美洲总面积的40%，从北纬5度伸展到南纬20度，源头在安第斯山高原中，离太平洋只有很短的距离，经过秘鲁和巴西，在赤道附近进入大西洋。

亚马孙河共有1.5万条支流，分在南美洲大片土地上，流域面积几乎大如整个澳大利亚。支流中，7条长逾1600公里；最长的是马代拉河，长逾3200公里。

亚马孙流域的热带雨林大半位于巴西，海拔不超过200米。亚马孙河地势平展，故受大西洋潮汐影响的河段，长达966公里。

亚马孙雨林几乎全年闷热潮湿，日间气温约33摄氏度，夜间气温约22摄氏度。在距大西洋1600公里的巴西马瑙斯附近，宽16公里的黑水河内格罗河汇入白水主流。巴西人认为这里才是亚马孙河的起点，称其上游为索利蒙伊斯河。

亚马孙雨林位于南美北部亚马孙河及其支流流域，为大热带雨林，面积600万平方公里，覆盖巴西总面积40%。北抵圭亚那高原，西界安地斯山脉，南为巴西中央高原，东临大西洋。

亚马孙河流域为世界最大流域，其雨林由东面的大西洋沿岸(林宽320公里)延伸到低地与安地斯山脉山麓丘陵相接处，形成一条林带，逐渐拓宽至1900公里。雨林异常宽广，而且连绵不断，反映出该地气候特点：多雨、潮湿及普遍高温。

亚马孙热带雨林蕴藏着世界最丰

帝王莲

富最多样的生物资源，昆虫、植物、鸟类及其他生物种类多达数百万种，其中许多科学上至今尚无记载。在繁茂的植物中有各类树种，包括香桃木、月桂类、棕榈、金合欢、黄檀木、巴西果及橡胶树。桃花心木与亚马孙雪松可作优质木材。主要野生动物有美洲虎、海牛、貘、红鹿、水豚和许多啮齿动物，亦有多种猴类，有“世界动植物王国”之称。

20世纪，巴西迅速增长的人口定居在亚马孙热带雨林的各主要地区。居民伐林取木或开辟牧场及农田，致使雨林急遽减少。90年代，巴西政府及各国际组织开始致力保护部分雨林免遭人们侵占、开辟和毁坏。

亚马孙水生生物

亚马孙河水中生活着多种水生生物，亚马孙海豚是世界上体形最大的淡水海豚，成体可达2.6米。还有食人鱼，它们成群生活，可能攻击人畜。在亚马孙河流域的浅水中还有水蟒，是世界上最大的蛇，它们大部分时间在水中，只把鼻孔露出水面，但水蟒一般不攻击渔民。河中还有几千种鱼、蟹和龟鳖类生物。

亚马孙河重要数据：

横贯南美洲，发源于秘鲁安第斯山脉。长6440公里，在世界河流中位居第二，仅次于长6695公里的尼罗河。水量充沛，每秒钟把11.6万立方米的淡水注入大西洋，占全球入海河水总流量的五分之一。支流中，7条长度超过1600公里，最长的是马代拉河，约3200公里。

亚马孙旅游特色：

1）钓食人鱼、吃食人鱼

亚马孙河上最刺激的活动。

2）观赏黑白水交汇：

亚马孙盆地的河流主要有3种水的类型。白水，富含泥沙，从西部流入。黑水，由土壤的酸性物质着色，从圭亚那山脉一直流向北部，还有从南部河流流出的清水。水流交汇后并不会立刻融合，而形成了两色并行延绵数英里，故称为黑白水。

3）粉红色海豚

亚马孙河里有全世界独有的粉红色海豚，在河中航行要看运气才看的到。

4）印第安舞者来献舞

沿着亚马孙河或其支流，住着一族族的原住民——印第安人。大的族群包括二三十个家庭聚居，有些小族只有一至两个家庭同住，待家族太大时，即分家另寻一处扎屋而居，靠山吃山，靠水吃水。由于河的两岸孕育丰富的野生动植物及河中淡水鱼，所以，食物不会匮乏。

一个有趣的现象是，距城市较远的印第安人，至今还过着原始的生活，而距河边城市较近的印第安人，因接触文明及观光客的机会较多，男人负责打猎、捕鱼等，而女人则利用林中植物的果实或种子，用手工制作一些手环及项链等纪念品，趁观光客来时向他们兜售。

2

We all live on the same planet

不可错过的风景

从市内电视塔上俯瞰巴西利亚全景

最年轻的人类文化遗产——巴西利亚

巴西利亚(Brasilia)是巴西的新首都，一座40多年前才从荒原上诞生的年轻都市。这里没有一般城市所具有的红瓦屋顶，没有标志不同时代的令人眼花缭乱的各类建筑，没有用各种色彩构成的浮华印象，来到这里，呈现在你眼前的是一座冷色调的、有着全新设计理念的现代化都市，设计严谨，线条简洁流畅，被认为是20世纪中叶城市规划的里程碑。

> **Tips**
>
> **巴西旅游**
>
> 巴西主要旅游城市：里约热内卢、圣保罗、马瑙斯、福斯伊瓜苏、巴西利亚等。主要景点：里约耶稣山、面包山、马瑙斯黑河、热带雨林、百年大剧院、印第安人博物馆、福斯伊瓜苏大瀑布、伊泰普水电站和巴西利亚现代建筑。

旧都里约热内卢地处东南部的大西洋沿岸，远离亟待开发的西北各州，18世纪以来巴西就曾多次出现过迁都之议，皆因条件限制，一再被搁置，直到库比契克执政。锐意改革的库比契克总统誓言要以“5年当50年”的速度建成新都，投入了5万工程技术人员，历时3年5个月，于1960年4月实现了他迁都的诺言。

巴西利亚位于巴西中部高原，海拔1150米，气候温和，四季如春。我们第一次访问巴西利亚是1962年5月，刚刚落成的新都虽还显得有些冷清，但巴西人多年的梦想，规划中的美丽蓝图，已然奇迹般地出现在荒原上。登高俯瞰，一架集中反映巴西人智慧、创新和勤劳精神的“飞机”静卧在人工湖畔，这座被世人称之为“没有历史的首都”震惊了世界。当我们走进“飞机”时，更是被一座座气势恢宏、造型奇特的建筑所震撼，为建筑师独具匠心的超前设计理念深深折服，深信这座像童话般美丽的城市必将进入世界建筑史册。1987年，巴西利亚这座建成才27年的崭新城市被联合国教科文组织宣布为“世界人类文化遗产”。

20多年后，我们怀着激动的心情重返巴西利亚，第一感觉便是城市变得更美更完善了。为了让这座理想中的未来城市与现实生活相协调，巴西人没有松懈自己的努力，建设了许多配套工程，扩建机场，兴建地铁，人口也已增至近百万，走在街头，再也没有了原先

巴西利亚三权广场

的冷清感，抬头看，白云朵朵，碧空如洗，吸一口清新空气，沁人肺腑，神清气爽，处处透着舒适与惬意。我们漫步到“三权广场”，正值总统准备出国访问，不少市民站在总统府前等着送别，我们也好奇地驻足观看。不多久，便见总统沿着总统府那条宽阔的直通外面广场的斜坡道走了出来，微笑着与欢送民众招手告别，仪式简单，却让人感到这条斜坡道拉近了国家领导人与民众之间的距离。同一天，我们参观了巴西

总统府

利亚大教堂，留下了又一个愉快的记忆。巴西是个天主教国家，不同时期的教堂随处可见，新建的巴西利亚大教堂却一反教堂的传统建筑风格，用十几根支柱支撑起造型奇特的圆顶，圣殿内没有耶稣和圣母像，没有传统的神坛，只在大厅正中悬挂着三尊飞翔的天使雕像。我们前往参观时里面聚集了不少正在做礼拜的善男信女，成双成对的新婚夫妇脸上挂着幸福的微笑争相在圣殿外四尊圣徒雕像前摄影，他们好像完全适应了用这样新颖的方式接受上帝对自己的祝福。

巴西利亚是美丽的，除了那些淡雅奇特的建筑外，还拥有一片绿色天地，这里的绿化面积居世界各大城市之首，占城区面积的60%，人均占有绿地达100平方米。40多年前，巴西人创造了一个现代奇迹，制造了一个最年轻的人类文化遗产。今天，整整一代巴西利亚人已经成长起来，他们是巴西社会新的有

和谐共处

机组成部分，他们是奇迹的见证，他们也在继续创造新的奇迹。

世界现代建筑博物馆——漫步巴西利亚

巴西利亚之所以刚一问世便名扬全球，皆因巴西人在短短几年中把一张

大教堂

大教堂内部

国会大厦

充满幻想的图纸变成了现实，用后现代主义的风格装点了这里的每一幢建筑，构建了一座惊世骇俗的“属于未来的城市”，一座“世界现代建筑博物馆”。我们多次来到巴西利亚，每次都有新的感受，这也与我们长年住在繁华、喧闹的圣保罗有关，两个特色迥然不同的城市给人感觉上的冲击是强烈的。漫步巴西利亚街头，感受它的独特美，它的宽阔、清新与宁静，给人极大的享受。

巴西兴建新都的计划真正付诸实施是在库比契克总统执政期间。是他，从来自世界各地的26个设计方案中遴选了本国设计师卢西奥·科斯塔教授的基本方案“喷气机计划”，并任命曾参加联合国大厦建筑的巴西著名建筑师奥斯卡·尼梅耶尔为新首都建设总建筑师。新都的总体构想为一架喷气式飞机，“机身”由政府部门、企业、银行、剧院、教堂等组成，南北两翼呈弓形，建有高层住宅、商厦和酒店群，连接“机翼”与“机身”的是电视塔，“机头”为象征国家最高权力的三权机构，“机尾”有火车站、库比契克纪念馆，整架“飞机”面向波光粼粼的人工湖，振翅欲飞。

漫步在巴西利亚街头，首先吸引你眼球的当然是位居“机首”的三权广场。

架设在人工湖上的桥梁宛如飘动的绸带

广场上绿树成阴，正中央两座塔楼高耸云天，中间以一长廊相连，远远看去，一个偌大的“H”字母映衬在蓝天白云之间。此时，导游会告诉你，这是国会大厦两座34层的办公楼，“H”是葡萄牙语“人”字的第一个大写字母，顾名思义，寓意一切为了人，人民高于一切。参、众两院分列两侧，被设计成两只“碗”状建筑物，众院一侧的“碗口”朝上，象征广纳民意，参议院一侧的“碗口”下扣，寓意集中民意。这组楼群无疑是三权广场上最具象征意义的建筑了。再看广场两侧，各有一幢气势不凡的白色建筑，分别是代表国家最高行政执法权的总统府与代表司法权的最高法院。广场左边的总统府“高原宫”(Palacio do Planalto)，饰有透明的玻璃幕墙，线条优雅的墙柱和直通室外的流畅宽阔的斜坡道，无不散发着民主与开放的现代气息。只要你身着正式服装便可入内参观，每星期五下午回官邸度周末的总统还会沿斜坡道走出总统府与等候在外面的群众招手致意。隔着广场与“高原宫”相望的是最高法院，远看这两座建筑无太大差别，但在最高法院前的广场上，你会看到清泉喷涌，一尊巨大的司法女神像面对喷泉而坐，蒙着双眼，手执利剑，隐喻司法毫不徇情的公正立场。此时你似乎也从内心感受到了法律的尊严。离开三权广场不远便是伊塔马拉蒂宫(Palacio do

一道斜坡缩短了国家领导人与民众之间的距离：从办公室走出来的总统向街上群众招手致意

Tips

语言

葡萄牙语为巴西的官方语言。一般人不会外语，但是在旅游景点、酒店或者餐厅里，英语也能通用。

货币

巴西货币称为“雷亚尔”。由于巴西汇率经常浮动，因此游客初入境时不宜兑换太多，最好随用随换。此外，若要兑换大量现金，最好事先与旅行社及导游沟通，避免独自到公共兑换所兑换。

小费

服务生在机场和酒店帮助搬运行李时，一般按每件行李1美元付小费。大部分饭店和酒吧的账单里已经包含10%的服务费，因此不必另外再付小费。乘坐出租车可以不给小费。

Itamarati)，即巴西外交部所在地，这里的玻璃幕墙配以弓形廊柱，整座建筑坐落在一泓池水中，宛如半露水面的水晶宫，池水中点缀着一个用白色大理石雕刻的五环连扣的大球，象征着五大洲人民的友好与团结。而当你来到司法部大楼前时，看到的是从大楼正面屋顶泻下一片清亮的瀑布，凸显了执法必须廉洁透明的理念。面对着这一幢幢造型独特、寓意颇深的建筑，你会情不自禁地打开相机，将它们一一摄入镜头。陆军部的门楼远望似一道柔美的弧线，细看却是一把横放的利剑，宣示着武装力量捍卫国家主权与安全的意志，而国家剧院看上去酷似一顶硕大无比的马戏团帐篷。总统官邸建在帕拉诺阿湖畔，那里有足够的宁静与安全，而它那典雅精巧的两层楼房，远看恰似一艘停泊在蓝色大海

外交部是名副其实的水晶宫

形如马戏团帐篷的国家剧院

大教堂外的广场

中的华丽游艇。最引人瞩目和惊叹的是巴西利亚的大教堂，构思奇特，16根支柱支撑起开阔的穹顶造型，外形似皇冠，穹顶悬挂着三个活动的天使雕像，支柱之间用玻璃幕墙连成一体，一反传统教堂装潢奢华、幽暗神秘的气氛，这里的圣殿阳光明亮，线条简洁，是座名副其实的"阳光教堂"。四尊高大的圣徒雕像矗立在圣殿外的露天广场上，烘托出一种与传统教堂完全不同的氛围。

巴西利亚呈现给你的是一种与众不同的独特美：白昼，湛蓝湛蓝的天际白云朵朵，从电视发射塔上俯瞰全城，绿草茵茵，千姿百态的建筑错落有致；傍晚，夕阳西下，大教堂被晚霞染成一片金黄色，国会议事厅便像一对宇宙船在星光闪烁的夜空中浮现，这也是巴西利亚最富幻想色彩的瞬间。

巴西利亚，一座现代建筑博物馆，一座充满人间温馨的美丽花园。

Tips

巴西利亚旅游TIPS

巴西利亚位于巴西中央高原，海拔1158米，气候宜人，全年分为雨季和旱季，年均最高温度为29.3°C，最低温度为17.1°C。年均降水量为1603毫米。巴西利亚以其独特的建筑闻名于世。其总体建设计划由建筑大师卢西奥·科斯塔完成。在灯火通明的夜晚从空中俯视，巴西利亚宛如一架驶向东方的巨型飞机。

整座城市沿垂直的两轴铺开：向机翼南北延伸的公路轴和沿机身东西延伸的纪念碑轴。机头是三权广场，机身是政府机构所在地，机翼则是现代化的立体公路。三权广场左侧是总统府，右侧是联邦最高法院。广场对面是国会参、众两院，两院会议大厅建筑外观如同两只大碗，众议院的碗口朝上，象征"民主"、"广开言路"；参议院的碗口朝下，象征"集中民意"。

巴西利亚 (Brasilia) 始建于1956年，仅用41个月的时间就把海拔1200米、一片荒凉的中部高原建成一座现代化的新城市。1960年4月21日新都落成时只有十几万居民，而今已变成一座近240万人口的大都市，这一天也被定为巴西利亚的市庆日。

巴西利亚在建都之前，政府在全国举行了一次前所未有的"城市设计比赛"，卢西奥·科斯塔的作品获得第一名并被采用。科斯塔的作品是从十字架上得到灵感的。十字是将两条主要干线交叉在一起，因为要符合巴西利亚的地形，就把其中的一条变成弯弯的弧线，十字架就变成一架大飞机的形状。总统府、议会、最高法院环绕三权广场，各占北西南三个方向，二十多个部的火柴盒式大楼有十几层高，以统一的建筑风格沿干线公路两侧而立，这些行政机构的建筑看上去像飞机的机头。机身由EXAO车站大道和绿地组成，左右两边为南北机翼，由商业区和住宅区组成，宽阔的车站大道又把城市分为东西两边。南北翼有许多正正方方像豆腐块似的住宅区，两个"豆腐块"之间就有一个商业区。所有街道没有名字，只用3个字母和3个数字来区分，如SQS307，前面2个字母是地区简称，最后1个字母指南北方向。

人们登上位于机尾、高达244米电视塔，对城市优美的飞机造型一目了然。国会大厦是全国最高的建筑物，它由两座呈H型的28层高楼并列组成，左侧的众院是一座白色碗口朝上的碗形建筑，意思是广采众议；右侧的参院是碗口朝下的白色碗形建筑，意在把众议院搜集起来的人民大众的意见由碗口朝下的参议院加以研究并予以采纳。国会大厦两侧的马路各有7条线的双向车道，中间隔着宽阔的安全岛(确切说是广场）直通机尾的州际公路，它可算是世界上最宽的马路。

巴西利亚的主要建筑物国会、总统府、最高法院、外交部、司法部、总统官邸、大教堂等，皆由建筑师奥斯卡·涅梅耶尔设计，它们的特点是线条简单大方，大都建在水池之上，色调都是白色；建筑四周支柱均呈立式几何三角板形，别具一格。水池是庭院设计师布雷·马克斯的杰作，外交部大楼的水池里有一白色大理石雕刻，司法部水池前有几道瀑布，国会后面的水池养了几只黑天鹅，这些给一向单调严肃的行政机构添加了一些活泼气息。

巴西首都巴西利亚是一座年轻的现代化城市。城里不见古迹遗址，也没有大都市的繁华与喧闹，但其充满现代理念的城市格局、构思新颖别致的建筑以及寓意丰富的艺术雕塑，使这座新都蜚声世界。1987年12月7日，巴西利亚被联合国教科文组织列为世界文化遗产，成为众多璀璨辉煌的世界人类文化遗产中最年轻的一个。

特色景点

电视铁塔

在巴西利亚市中心，耸立着一座全城最高的建筑——电视铁塔。这座雄伟的铁塔高244米，据称是世界第四高铁塔。站在它的脚下仰视，会叫人联想起巴黎埃菲尔铁塔。铁塔四周芳草萋萋，阳光下飞洒的喷泉映出道道彩红。游人可登上铁塔，领略到巴西利亚那磅礴的气势和雄伟的姿态，乘观光电梯到达175米的观景台，一阵清风扑面而来，顿觉神清气爽。放眼纵观东西，横望南北，整座城市秀丽风光尽收眼底。

三权广场

三权广场代表国家三种权力，称为巴西的神经中枢。在三权广场，游人看不到任何古迹，但丰姿多彩的现代派建筑物令人惊叹不已，这些建筑设计构思大胆、线条优美、轻盈飘逸，其中有的还含有一定的寓意。两层楼高的总统府前的一尊两人持矛并肩而立的首都开拓者铜像，象征着巴西人民团结一心捍卫祖国。

美丽的“正月之河”——里约热内卢

在世界各国的旅游胜地中， 有些地方能让你未去之前慕名向往，到了以后流连忘返，离开多年还念念不忘，这样的去处为数不多，巴西的里约热内卢就是不多中的一个，它集上海的外滩、黄山的峰峦和海南三亚的海滨于一体，是名副其实的南半球明珠。

里约热内卢，简称里约，位于巴西东南部大西洋瓜纳巴拉湾西岸，是世界公认的第三大美港，巴西最大的旅游中心。它以其旖旎的风光、迷人的海滩和一年一度的狂欢节吸引着全世界数以百万计的游客。到巴西旅游的中国游客首选之地也必然是里约。

当然，观光之前你最好对它的历史有所了解。这要追溯到1502年的1月1日，葡萄牙航海探险船队驶进瓜纳巴拉湾时，发现这里的港口狭窄而水深，误以为是一条大河的入海口，其时正值1月，便将此地命名为“正月之河”（Rio de Janeiro），中文译音即里约热内卢。16世纪中叶，里约沿海一带是无本万利的巴西红木采伐业的贸易中心，为葡萄牙殖民者与法国海盗争夺之地。为抗击法国人入侵，当时的葡萄牙总督修建了里约热内卢城堡，这座地处战略要冲的城镇很快发展成了港口区和贸易区。18世纪采矿业获得发展，里约港又成为米纳斯

里约热内卢风情

州黄金和钻石的出口中心，也是贩卖黑奴及工业制成品的进口港。1763年里约热内卢取代萨尔瓦多成为殖民政府所在地。1808年葡王室来到巴西后，它又成了葡萄牙王室政府所在地。巴西独立后，它依然是首都，直至1960年迁都巴西利亚。今天的里约仍然是巴西重要的商业、工业、金融中心和文化之都，里约也是巴西最美丽的城市、最主要的旅游区和第二大商业城市。

里约城面积1174平方公里，市区人口600万，加上郊区人口，总数超过1000万。游客无论坐飞机来，还是乘船来，一踏上里约的土地，映入眼帘的是一幅风光独特的精美画卷：散布在宽阔港湾里的百余个石岛和海岸上的圆形山丘，或破水而出，或拔地而起，岛上生长着苍翠欲滴的林木，令人赏心悦目；一排排

里约跳蚤市场

海滩美景

里约是游客十分钟爱的城市

高大的现代化建筑依山傍海，透迤于山丘之间，蔚为壮观。里约一些游人必至的著名景点我们有专文介绍，这里简略说说市内景观。里约作为文化名城，既保留着古韵犹存的教堂、王宫等诸多巴洛克式建筑，又有充满现代气息的摩天大楼和公园、广场。里约的博物馆、图书馆和植物园世界闻名，目前世界上最大的足球场马拉卡纳就建在里约。作为旅游和消费城市，这里的几处著名的海滩区汇集了全世界各大名牌酒店，豪华商厦、高雅餐厅比比皆是。

里约山美、水美，人也美。一位意大利名人曾在俯瞰里约的美景时动情地惊呼“它美得像个女人”，他说的女人也许是指那些穿着五彩比基尼在沙滩上嬉戏的混血女郎吧，那些被称作“穆

拉塔”的黑白混血姑娘，个个身材高挑，体态丰美，风姿绰约。她们轻摆腰肢走在街上，仿佛到处流淌着桑巴的旋律，是里约市的又一道亮丽风景线。

“上帝无所不在”——登里约耶稣山

你要是到了巴西，没有去里约热内卢，到了里约又没有登耶稣山，那你等于没有去过巴西。这好比你到了美国没有看到纽约港对面的自由女神像，到了法国没有在巴黎市中心的埃菲尔铁塔前摄影留念一样，会让你引以为终生憾事，因为在人们心目中，耶稣山就是里约，乃至整个巴西的象征。

耶稣山本名科尔科瓦多(Corcovado)山，葡萄牙文意为“驼峰”，它耸立在里约市西面景色秀丽的海岸边，是一座海拔709米的突兀的山丘。山上古木参天，郁郁葱葱，怪石悬崖，流泉飞瀑，云雾缭绕，景色奇绝。最令人惊奇的是，驼峰之巅，巨大岩石上矗立着一尊硕大无比的耶稣像——基督救世主(Cristo Redentor)。雕像张开两臂，双目微闭，似在默默为世人祈福，又似展臂迎接八方宾朋。这尊雕像高38米，张开的双臂宽29米，全重1200吨，仅雕像的头部就高达3.7米，重35.6吨，每只手重9.1吨。游人站在巨像脚下不禁会问：这个庞然大物是怎样搬上这陡峭悬崖的？当地的年轻导游向我们耸耸肩膀，说他们也有同样的疑问。自从有了这尊神像，科尔科瓦多山便得了个新名字：耶稣山。

这座标志性的纪念碑是在1922年巴西举国欢庆独立100周年之际决定

科尔科瓦多山上矗立着巨大的耶稣像俯瞰全市，从里约市的任何地方都能看到耶稣“从天而降”

巨大的耶稣像不仅是里约热内卢，也是整个巴西的象征

建造的，采用了本国著名建筑师席尔瓦·科斯塔的设计方案，由法国波兰裔雕塑师保罗·兰多维斯基制作完成，寓意救世主伸开他宽大的双臂拥抱这座城市，把他的博爱洒向世界，也表示他对人类赢得独立的赞许。雕像建造和安装历时9年，1931年10月12日最终完成。从里约城的每一个角落都可以看到这尊耶稣像，而每一个看到它的人又无不为之震撼，为之赞叹。

游人欲登耶稣山顶，可以乘坐三节车厢的齿轮小火车攀缘而上，但我们每次来此，都宁愿乘汽车至山腰停车场，然后弃车步行，沿着山间石路拾级而上，边登高边观赏里约热内卢的全景，别有一番情趣。

夜幕降临，里约的夜景更加美丽迷人。从旅馆楼上推开窗户远望，黑天鹅绒般的夜空映衬出一个巨大而明亮的十字形耶稣像，这一壮丽的景象会让你情不自禁地发出惊呼，原来雕像下面的探照灯照亮了整个耶稣像，远远望去，犹如救世主自天上飘然降临人间。每见此景，不能不由衷钦佩建筑师匠心之巧妙。要知道，巴西人十之八九信奉天主教，巴西是世界上天主教徒最多的国家。科尔科瓦多山上的耶稣像，无论是白天还是晚上，时刻在提醒人们：上帝无所不在！

里约观景好去处——糖面包山

在环抱里约热内卢的群山之中，糖面包山（Pao de Azucar）跟耶稣山一样，都是游人必至的景区。这里是观赏里约热内卢如画风光的最佳去处。它本身就是里约美景不可分割的一部分。

来到里约，无论你从旅店推窗远眺，还是沿着沙滩漫步，展现在你眼前的景色永远像一幅令人目不暇接的绚丽画卷，这幅画卷的蓝天碧水间有两个

从糖面包山上眺望里约全景

Tips

里约热内卢旅游 TIPS

里约热内卢为巴西第二大城和巴西最大的海港。位于巴西国土的东南部，南临大西洋，向北伸入瓜纳巴拉湾西岸，有长达14公里的跨湾公路大桥与东岸的尼泰罗伊市相连。

里约是世界著名的旅游目的地，坐落在美丽的瓜纳巴拉海湾，依山傍水，风景优美。

世界上许多国家都有狂欢节，但论规模之大，参加者之众，内容之丰富，气氛之热烈，要首推巴西，而在巴西各大城市中，又数里约热内卢为最，因此里约被誉为“狂欢节之都”。每年的2月中下旬，巴西举国欢腾三天三夜。

主要景点

有耶稣山、面包山、尼泰罗伊大桥、马拉卡纳体育场、巴西最大的公园、植物园等。里约热内卢的海滩举世闻名，其数目和延伸长度为世界之最，全市共有海滩72个，其中两个最有名的海滩是：科帕卡巴纳海滩和依巴内玛海滩。最佳旅游月是每年6月和7月。

里约热内卢民俗节庆活动

元旦：1月1日；狂欢节：2月中下旬；蒂拉登特斯纪念日：4月21日；国际劳动节：5月1日；独立日：9月7日；万灵节：11月2日；共和国日：11月15日；圣灵怀孕节：12月8日；圣诞节：12月25日。基督升天节：5月28日；基督圣体节：6月18日。

里约热内卢购物

cachaca酒、紫水晶、蛋白石、蓝宝石、皮件、手工皮革制品、咖啡。

里约热内卢交通

里约热内卢有设备一流、四通八达的地下铁交通，各车站以及每个车厢内都备有行车路线图，使游客可以不必开口讲葡萄牙语而能来去自如。地下铁交通网是从市中心呈辐射状的向外四散，终点站则以公车线连接，通常一张车票可同时搭乘地下铁和公车。由于巴西拥有私家车的人非常少，所以公共汽车就成了大多数人常用的交通工具。

巴西的火车并非主要的交通工具，铁路交通并不发达。然而，安排一部分火车旅行，很受游客青睐，因为巴西的火车穿越风景秀丽的原野，老式的蒸汽火车头，令人怀旧。

从糖面包山上远眺里约

冲浪爱好者钟爱的伊巴内马海滩

靠得很近的小岛，一前一后，一高一低，远远看去，宛如一只昂首浮游在碧波之中的海龟：形似海龟头部的小岛斜对弗拉门戈海滩，离瓜纳巴拉湾400米，是一个浑圆陡立半露水面的山丘，高396米，花岗石悬崖四壁光滑得像个甜圆面包，故而得名“糖面包山”。邻近的椭圆形半岛叫莫罗·达·乌尔卡，亦即那个半露水面的“龟背”，山高220米，与陆地相连。为了方便游客，山上修建了一条长1400米的缆车索道。游客可从维尔梅拉海滩搭乘电缆车，先登上乌尔卡山，然后换乘另一缆车，直达“面包”山顶。

糖面包山上的索道缆车是1913年法国人帮助修建的，在那里我们有过两次难忘的“遭遇”，第一次是上世纪60年代初，我们随代表团访问巴西，当地朋友邀请我们乘电缆车登糖面包山，望着那一个个从未见过的挂在半空中悠荡的“玻璃笼子”，我们谁也不敢登车，只是一味托词婉拒，最终大家都留在了海边，望山兴叹。许多年过去了，我们再访里约，旧地重游，心想这次定要登上“龟山”之巅，一饱鸟瞰全城的眼福。没想到，事又凑巧，当我们如愿以偿，尽兴而归，准备换乘下山缆车的时候突然停电，缆车停运。望着那些一动不动地停在半空中的“笼子”，心中不免焦急，赶不上回圣保罗的航班，是要耽误当晚的外事活动的。陪同却一脸轻松地说，不必着急，这只是暂时停电，再说，里约与圣保罗之间的航班是“空中桥梁”，飞机每半小时一趟，跟公共汽车一样，旅客随到随乘，误不了事。没过多久，恢复供电，缆车重新启动，果然有惊无险。

登上糖面包山的山顶，你可以看到更加迷人的景色。两个不同高度的山顶上都建有观景台，游客们纷纷登上观景台，极目眺望，里约城的秀丽风光尽收眼底：远处是雄伟挺拔的耶稣山；近处是博塔弗戈海湾，蔚蓝色的海面上白帆点点；往左看，是一弯新月似的科巴卡瓦纳海滩，沿海是鳞次栉比的高楼大厦；往右看，碧波万顷的大海中大小岛屿交映成趣。你则可从不同角度用相机拍摄到万花筒般美不胜收的景色转换。

你要是到了里约，糖面包山不可不游，因为，那边的风景独好！

风情万种的里约海滩

里约美，美就美在它的海滩，这不单是指海滩本身洁白如玉的细沙，碧绿清澈的海水，还广言海滩旁依山临水鳞次栉比的现代化建筑、从海滨眺望映入眼帘的奇妙风光、沙滩上穿着五彩泳装戏水玩耍的俊男靓女……慕名而来的外国游客无不以目睹这里的海滩胜景为快。我们每到里约，总要选择一家不同海滩区的旅店下榻，一次次地沿着海滨大道信步漫游，流连忘返。

透迤的海岸线勾勒出来的里约热内卢，被誉为世界三大美港之一，里约城共有30多处景色如画的海滩，其中最著名的五处是科巴卡瓦纳（Copacabana）、伊巴内马–莱布隆（Ipanema–Leblon）、弗拉门戈（Flamengo）、博达弗戈（Botafogo）和巴哈（Barra）。五大名滩，各具特色，各显其美。

科巴卡瓦纳海滩的知名度最高，是里约最繁华的地段。那里优美的弧形海滩被临海的高大建筑群环绕，在楼群与沙滩之间是宽阔的大西洋大道，路旁用黑白两色细石铺成波浪型图案的人行道专供游人散步，白沙滩平展宽阔，洁净细腻，海水碧绿，风平浪静。这里常年游

美丽的里约海滩

科巴卡瓦纳海滩大西洋大道人如鲫，上百家星级酒店云集于此。与科巴卡瓦纳海滩比邻的伊巴内马–莱布隆海滩，是两个相连的海滩，全长3.5公里，伊巴内马的美丽和繁华程度不亚于科巴卡瓦纳，但呈现的是另一番景象，那里海水波高浪大，更为冲浪爱好者所钟情。靠近市中心，有座宽约百米、长约1.5公里的白色海滩，十分迷人，名叫弗拉门戈。这里的沙子洁白如玉、细软如缎，躺在上面，任海风吹拂，着实惬意。这个沙滩地势虽不高，站在那里却能将里约最著名的景点——两山一桥尽收眼底，两山者，面包山和耶稣山是也，一桥是指连接里约城与尼泰罗伊市之间的长14公里的跨海大桥。瓜纳巴拉湾侵入陆地，形成一个小小的海湾，沿岸一带就是博达弗戈海滩。这里海面风平浪静，非常适合用作游艇码头，附近还有几处漂亮的电影院，背后的糖面包山衬托出此处独特的景色。距市区约20公里的巴哈海滩是里约最长的海滩，长达18公里，沙白似雪，海岸线如刀切般笔直，极目难穷。外地游客较少来此游览，当地人则认为这里是晒太阳、洗海水浴和做沙滩游戏的最佳去处。

巴西人，尤其是里约人，对海滩有特殊的爱好。一首巴西民歌唱道："我喜欢桑巴，我喜欢足球，但我也喜欢海滩，在阳光灿烂的星期天。"实际上，你会发现不只是星期天，里约的海滩上天天人如潮涌，天气好的时候，沙滩几乎被人群掩埋。你看吧，红、蓝、黄、绿的遮阳伞和五颜六色的泳装点缀着洁白沙滩，组成一幅绚丽多彩的图画。人们或浮游海上，或仰卧于松软的沙滩上，或玩耍沙滩排球和微型足球，或在海上冲浪，或驾艇游海，或在海滨大道上漫步观景，各得其乐，尽享大海带来的乐趣。

说到这里，我们要提醒国内游客，到里约海滩观光，切莫穿正装，男士尤忌西服革履系领带，这样的打扮不仅要被人笑话"老土"，而且还易招引盗贼。在里约，穿着泳装在街上散步、乘车是司空见惯的事，就算出入高级酒店也毫无问题，这也是入乡随俗吧。

Tips

科巴卡瓦纳海滩

购物：科巴卡瓦纳是里约热内卢的著名商业区，交通便利，大型商场和高档餐厅林立，其中以7层楼的南里约购物中心(Shopping Rio Sul)最为著名。

住宿：在海滩边的大西洋大街(Av. Atlântica)对面则是鳞次栉比的高楼大厦，多以大宾馆为主。

美丽城市中的另类风景——棚户贫民区“法贝拉”

里约热内卢是座景色如画的美丽城市，然而，无论是在高楼林立、繁华热闹的市中心，还是在迷人的海滩旁，或星罗棋布的豪华别墅附近，常能看到成片简陋、破旧的棚户贫民窟，显得分外刺眼和引人注目，构成了这座著名旅游城市中的一道另类风景线，也可以说，是里约市难以掩饰的“美中不足”。

贫困、治安恶化等社会问题的集中反映，住在那里的人都是低收入的劳动者，从贫困地区农村流入城市的农民，来自邻国的非法移民和无业游民。凡是没有被摩天楼和公园占据的地方，都会出现棚户贫民区。尽管政府为了美化市容，在山下、在郊区建造了许多安居民房，可是山坡上、市中心的贫民窟总是有增无减。

里约热内卢的棚户贫民区是巴西城市中最显著的特点之一。它们最早出现于19世纪末期，那时农村移民开始涌

这样的棚户贫民区在里约有好多处

贫民窟是拉丁美洲各国大城市的普遍现象，在智利叫“卡扬巴”(callampa)，在阿根廷叫“穷人村”(villa miserable)，在委内瑞拉叫“巴里奥”(barrio)，在巴西则叫“法贝拉”(favela)，叫法不同，实质一样，都是这些国家城乡差距扩大，贫富悬殊，失业、

入里约热内卢，在城市的山坡空地上搭建起小棚屋，今天棚户贫民区已成为大城市里一种普遍现象。据说里约的贫民区有300多个，居住着200多万贫苦居民，占全国贫民窟居民人数的24.8%。在有名的莱布隆海滩的边缘，花岗岩山坡的南面就有里约两个最大的棚户贫

民窟——维蒂加尔（Vidigal）和罗西纳（Rocina）。这里居住着成千上万的平民，他们为了离工作地点近一点，或为了更易找到谋生的机会，宁可忍受着恶劣的生活环境，也要在这些破烂拥挤的棚屋里谋得一张能安歇的床铺。

20世纪60年代，我们初到里约，见到市区现代化的建筑物中间杂着一片片破败密集的棚屋群，感到十分诧异。80年代我们重返里约时，发现那些扎眼的“法贝拉”大多已被新建的高楼大厦取代或遮掩。据说最早的棚屋都用废旧材料搭建，室内无水无电，区里没有基本的市政设施，最近20多年来，“法贝拉”里的生活条件有了很大改善，木板屋已被砖瓦房取代，居民区里已有不错的基础设施，但那里仍充满暴力、枪杀、偷窃和抢劫等犯罪，有些贫民区往往被一些毒贩头子所控制，暴力犯罪非常猖獗，大多数的“法贝拉”连警察都不敢进入。

现在，巴西大约82%的人口生活在城市里，20多年前，巴西最大的几个城市大约1/3的人口都住在棚户贫民区，今天，已有一半的人口住在那些不断改善的居民区了。但要从根本上消除“法贝拉”现象，决非一日之功可以奏效。

感受“文化之都”的魅力

在你游览了里约热内卢如许秀丽的自然景点之后，别忘了也去参观几处人文景观。作为巴西文化之都的里约，市内各种博物馆及文化体育设施堪称一流，南美独步。

里约市被称为“天梯教堂”的大主教教堂

天梯大教堂的十字架天顶

里约老城区集中有众多美轮美奂的建筑物，如现代韵味十足的“天梯教堂”，整座建筑线条明快，外观似高耸入云的金字塔，进入内部，带状分布的落地玻璃熠熠生辉，敞亮气派，地下是小型宗教美术博物馆；相隔不远便是历史悠久的市立剧院，近百年来，这里都是接待国内外著名剧团演出的豪华舞台；与市剧院隔街相望的是国家美术馆，它形似卢浮宫，收藏展示着葡萄牙王室迁都里约时随身携带的绘画珍品及15–18世纪欧洲画家和20世纪初巴西画家的大量作品；国家历史博物馆的馆址亦即里约市的发祥地，著名的圣地亚哥要塞就在此地，如今这里展出各种文物资料、武器、货币，犹如将巴西500年的历史，从被“发现”到《共和国宣言》的发表，向参观者从头娓娓道来；富有葡萄牙建筑风格的蒂拉登特宫以巴西独立运动的先驱者的名字命名，一度成为巴西国民议会下议院的常驻地点，为了纪念为巴西自由而献身的英雄，巴西人将他被行刑的地方命名为蒂拉登特广场，宫殿前建有这位民族英雄的铜像；巴西全国最大的博物馆“国家博物馆”坐落在市中心的“丽景庄园”公园内，它也是世界最著名的博物馆之一，这座金碧辉煌的殖民风格建筑，原是19世纪初葡萄牙摄政王驻跸巴西时的王宫，设在二层觐见厅里的御座至今保持着当年的模样，1818年改建为博物馆。设有地质馆、昆虫馆、无脊椎动物馆、古生物馆和人类馆等。现有展品130万件，主要是与巴西及南美地区相关的动物学、植物学、民族学、考古学等方面的珍贵资料。其中有印第安人使用的各种武器、服装、首饰、工具等，充分展示了早期居民的生活和文化。在上万种矿石和动植物的实物藏品中，被称为“活化石”的古代鱼类腔棘鱼完整的标本尤为珍稀。此外还有不少外国珍品。特别

Tips

住宿

巴西所有宾馆都不准备一次性拖鞋、牙膏和牙刷，游客要自己准备。巴西的电压有110伏和220伏两种，各大城市所用电压不相同，所以中国游客在使用国内电器之前一定要注意查看适用电压。

热情奔放的桑巴

引起人们注意的是，作为镇馆之宝，博物馆大厅内陈列着一块重5360公斤的陨石，其重量仅次于纳米比亚的陨石，此陨石1888年发现于巴伊亚州的本代高地方，故称“本代高陨石”，有很高的科研价值，弥足珍贵。

漫步里约热内卢街头，那一步一景的美妙自然风光会让你心旷神怡，而那浓浓的无处不在的文化艺术气息同样会让你陶醉与神往。走近科帕卡瓦纳海滨规模宏大的桑巴舞比赛场，你的眼前会闪现那每年都吸引着全世界眼球的狂欢节情景，节日的里约是一片欢乐的海洋；来到马拉卡纳体育场，你的耳边似乎又响起了20多万观众为球王贝利“有史以来最精彩的入球”发出的山呼海啸般的欢呼声；置身占地面积达1.4平方公里的植物园内，你能看到8000多种植物种类，尤其是面对成为巴西国名来由的珍贵的“巴西红木”，又怎能不感慨系之……里约的自然美与人文美相得益彰，都能让你流连忘返，产生无穷的回味。

巴西经济腾飞的火车头——圣保罗

说起圣保罗(Sao　Paulo)，我们总会联想起那座矗立在该市中心伊贝拉布艾拉公园的巨型雕塑《移民旗手》，那是一组长50米的雕塑群，刻画了36个最早来到圣保罗的勇敢开拓者，这群人姓别年龄不同，形态各异，然而从每个形象上你都能强烈感受到他们经历的艰难和具有的坚强意志，那是一组有着强烈艺术感染力和令人震撼的群像，尤其在你对圣保罗的历史和现状有所了解之后，你就更能理解，《移民旗手》反映的正是一代代圣保罗建设者们特有的坚强性格和开拓精神。

圣保罗市是圣保罗州的首府，不仅是南美洲的最大城市，也是世界上仅次于墨西哥城的第二大都市，人口1732.5

圣保罗市

象征圣保罗建设者们开拓精神的雕像《移民旗手》

万，城区面积1500平方公里，为巴黎的3倍。它是巴西最大的工业城市，在创造“巴西奇迹”的过程中，它是拉动全国经济腾飞的火车头。这里拥有2万多家工厂。上世纪80年代，圣保罗的工业产值占全国工业产值的1/2，集中了全国劳动力的13%，1999年巴西国内生产总值1/3以上来自圣保罗及其所在州。它是全国的金融中心，集中了5037家国内外银行机构和分行。作为巴西最大的消费中心，市区街道上商厦林立，1600多家酒店、餐馆分布在全市各个角落，750余家超市和800多个集市从各方面满足了人们的需求。此外，圣保罗也是巴西重要的文化城市，拥有包括著名的圣保罗大学在内的数十所高等院校，6家电视台和70家报社出版社，有包括世界闻名的圣保罗艺术博物馆在内的40多所博物馆，以及包括巴西国家图书馆在内的近500所图书馆。这座现代化的繁华大都市是以世界上前所未有的惊人速度发展起来的，圣保罗是“巴西奇迹”的一个缩影。

400多年前，圣保罗还是一个印第安人小村落。1554年，两个葡萄牙耶稣会牧师用土坯盖了一座传教用的小教堂，成了圣保罗最早的建筑。随着岁月的流逝，村庄逐渐扩大，1711年升级为市，由于大部分房屋用土坯建成，人们称它为“泥巴城”。1880年巴西在这里宣布独立之后，圣保罗的面积仍只有2平方公

圣保罗市容既现代又传统，巴洛克风格的圣保罗大教堂同样让我们喜欢

里，人口仅4万，直至19世纪末，该地区大面积种植咖啡以及外国移民大量涌入，圣保罗才开始迅速扩大。20世纪70年代，巴西经济高速发展，这个城市的面貌也随之发生了日新月异的变化，一幢幢摩天大楼取代了昔日的老建筑，四通八达的交通网络贯穿市区。据说，那时期，这座城市每一刻钟就有一座新楼竣工，每半小时就有一幢旧房被拆除。圣保罗人不无骄傲地把这一快速变化描述为：“每当你一觉醒来，城市又变了个样。”20世纪末，圣保罗在汽车、航空与信息工业方面进一步取得了骄人的成就，其时我们正寓居圣保罗，亲身感受到了这个发展中的巨人强烈跳动的脉搏和大步迈进的脚步。

在圣保罗，无论你穿行在大厦林立有“南美华尔街”之称的圣保罗大道上，或徘徊在南半球最大的巴洛克风格的天主教大教堂前，或漫步在具有浓郁东方韵味的利贝尔达吉街区，你都会感到一种和谐美，一种集古今，集欧洲、美洲、非洲与亚洲多种文化传统于一体的美，因为这里是一片多文化共存的热土；在这里，你可以看到白种人、黑人和黄种人，他们来自不同的国度，如今都是圣保罗的建设者，生活在一个多种族和谐共处的家园，以圣保罗人特有的拼搏精神，在继续创造新的奇迹。

银白色的弧线——圣保罗拉丁美洲纪念馆

如果说首都巴西利亚整座城市的建筑是后现代主义的“巴西风格”的话，

圣保罗的拉丁美洲纪念馆一角

那么圣保罗的市容给人的印象则是集各种建筑风格于一体的“百花苑”，从古色古香的王宫、典雅端庄的欧洲教堂到争奇斗艳的高楼大厦和现代派风格的博物馆，可谓异彩纷呈，足可让你享受一次视觉盛宴。

每到周末，从圣保罗市巴哈芳达区的一座园林式建筑群里总会传出阵阵时而激扬、时而忧伤、充满了拉美风情的弹唱声，这里便是“拉丁美洲纪念馆”（Memorial da América Latina）。它是座用高科技手段展示拉丁美洲多元文化大融合的综合性文化设施，旨在促进拉丁美洲各国的团结与合作。它

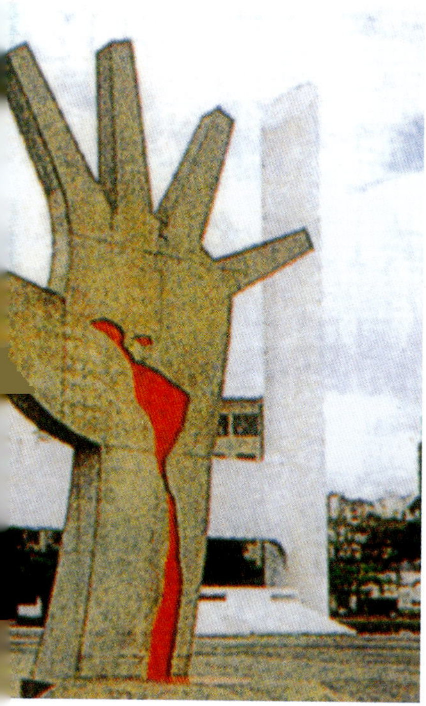

Tips

新娘街

地址：“新娘街”位于圣保罗火车站附近。

习俗：按照巴西人的传统习俗，每年5月是举行婚礼的好季节，故有“新娘月”之称。

价格：成品新娘礼服的标价差异很大，便宜的每件约30~50美元，质量好、款式时髦一些的可以卖到300~500美元，而最华丽高雅的则高达上千美元。

也是继巴西利亚之后，又一座被称之为“属于未来”的建筑群。由7幢造型独特、功能各异的建筑物，即图书馆、视听馆、礼堂、剧场、展览中心、风味餐厅和管理处办公楼组成，奇特的弧线形造型配上一派银白色调，使整个建筑群有种外星世界的幻觉。7座两层楼高的建筑物巧妙得体地散布在不等边形的广场内，一条跨度60多米长呈S形的拱桥自入口处向广场纵深伸延，宛如一条白色绸带飘落在广场上。走下“飘带”，迎面可见广场中央有座十几米高的钢筋水泥雕塑，那是一只张开的巨大“手掌”举向蓝天，掌心的伤口正在淌血，再走近些，发现那片“流淌”着的殷红血迹竟是一幅拉丁美洲地图，其寓意之深刻不能不震撼游客的心，其设计构思之巧妙更让人击掌赞叹。

记得纪念馆竣工后我们曾应邀参加了它的落成典礼，那是1989年3月，

而且还惊喜地见到了它的设计师奥斯卡·尼梅耶，这位设计师因参与多项世界上著名的建筑工程和主持巴西利亚的整体建设而名噪全球，当时流行的说法是“在巴西见总统容易，见尼梅耶难”。我们很高兴在这个特殊场合见到了这位最不喜欢抛头露面的大师，他是个身材不高，体态微胖、半谢顶的亲切老者。谈话中他向我们解释他是如何采用弧线形的柔美弥补周围方形建筑的刻板和单调的。他告诉我们，接受这项工程时他的设计理念是：既要不让人感到这是巴西利亚的翻版，又要让此工程像巴西利亚一样，进入新世纪也不会落后。事实果如其言，到了21世纪的今天，面对他设计的那些惊世骇俗的作品，人们依然赞叹有加，并从这些被视为世纪精品的伟大建筑中获得宝贵的灵感和启迪。

如今的拉丁美洲纪念馆里收藏有大量关于拉美历史、文化等方面的珍贵图书文献和视听资料，经常举行拉美各国之间的文化交流活动，举办各类研讨会和有关讲座，这里的音乐堂常有拉美各国的表演艺术家前来展示才华，每周一都有州立交响乐团为群众免费演出。这座设计前卫的建筑已成为目前南美洲最大的拉美文化交流中心，也是拉美各国人民进一步走向团结与合作的新的象征。

闹市中的艺术殿堂——圣保罗艺术博物馆

巴西繁忙、喧闹的最大工业城市和商业中心圣保罗，同时又是该国的文化中心之一，那里有包括著名的圣保罗大学在内的数十所高等学府，拥有包括圣保罗艺术博物馆在内的40所博物馆以及包括巴西国家图书馆在内的近500所图书馆。在巴西多样性文化中，圣保罗文化独树一帜，带有鲜明的世界性色彩，这一国际化特性反映在该市的每一条街、每一幢建筑和每一个文化设施上。既传统又现代化的圣保罗大街是城市金融的心脏，伫立在这条全长2.8公里的大街两旁的现代化高层建筑都是大企业、大银行的所在地，就在这些高楼大厦之间，有一幢造型独特的二层楼高的建筑显得分外醒目，这便是跻身世界级水平的圣保罗艺术博物馆（MASP）。

MASP，悬挂在钢架上的艺术馆

在巴西，提起MASP，无人不晓，

是公认的巴西造型艺术的最高殿堂。二次世界大战阻隔了巴西画家与国际艺术界的联系。战争结束后，由于重新获得了经济支持，艺术作品大量增加，国际交流日趋频仍，巴西亟需有合适的场所展览国内外的艺术作品。40年代末里约热内卢的“现代艺术博物馆”应运而生。1947年，根据《合伙日报》通讯网主人阿西斯·查托布里昂的提议，在“4月7日”大街上建造了最初的圣保罗艺术博物馆。到了60年代，在圣保罗大街原来眺望城市风光的瞭望楼旧址重建了一座全新的艺术博物馆。新博物馆由意大利女建筑师莉娜·布·巴尔蒂（Lina Bo Bardi）设计，经费来自巴西人民特别是圣保罗人民的捐献，为圣保罗标志性建筑之一。

这是一座以混凝土和玻璃为主要材料的悬空建筑，线条明快，风格独特。第二层玻璃幕外墙建筑整体悬挂在两条涂成红色的“门”字形钢筋水泥梁下方，鲜艳的红色彰显了它结构上的活力效果。所有的展厅和活动场所都集中在这二层楼上，观众要顺着线条简洁的楼梯拾级而上，或乘电梯登临。悬楼的下面是世界上最大的建筑空间之一，那里常常用来在周日举办著名的古玩集市。这所新博物馆在1968年落成并对外开放。

圣保罗艺术博物馆里不仅陈列着本国艺术大师们的重要作品，还保存着大量西方艺术珍品，最突出的有法国印象派画家雷诺阿的《玫瑰与蓝天》，伟大的荷兰画家凡·高的《黄昏漫步》，本国最著名的画家波尔蒂纳里的《逃荒者》。此外，还有法国不同风格画家莫奈、高更、马蒂斯，西班牙画家毕加索、米罗的主要作品。正是在MASP，我们第一次欣赏到了印象派大师们的油画真迹。有一年，正逢西班牙在MASP

悬楼的下层是世界上最大的建筑空间之一，常在这里举办各种临时展览

举办毕加索原作展，我们也因而有幸见到了这位立体派创始人不同时期的代表作。两年前，国际媒体传出MASP收藏的毕加索画作《苏珊娜·布洛克的肖像》失窃的消息，曾引起国际广泛关注，也让我们这些曾目睹过此一珍品的人分外婉惜。

MASP经常举办各种艺术讲座，不定期地组织国内外著名画家个人或集体画展。1987年，我国中央工艺美术学院教授谷嶙得以在那里举办过为期一周的个人画展，成为中国第一位在这座艺术殿堂举办画展的画家。圣保罗艺术博物馆也是巴西举办双年展的重要场地。MASP通过举办丰富多彩的文化活动，给圣保罗这座工业和商业中心带来了可贵的艺术享受和文化氛围。

“五毒俱全”的布坦坦研究所

不管你是喜欢还是厌恶蛇，到了圣保罗都不可错过参观布坦坦蛇类研究所。我们曾多次陪同国内访客到过那里，访问归来大家都说，开了眼界，不虚此行。

巴西大部国土地处热带、亚热带，森林和田野里毒蛇繁生，到处肆虐，每年都有许多人和牲口被蛇咬伤，毒发致死。1901年，巴西著名生物学家、抗毒蛇血清发明人维达尔·巴西发起在圣保罗市郊布坦坦区一个农庄里建立了这所毒蛇研究所，研制抗蛇毒血清，拯救众多被毒蛇咬伤者的生命。初创时研究所只有一幢简陋的小屋，现在展现在我们面前的已是一所规模宏大、设备先进的现代化科研机构。研究所占地65公顷，

这里所制的蛇毒血清拯救了无数人的生命

研究人员和他的小伙伴

建有47幢大楼，拥有工作人员1400多人。接待人员告诉我们，该所现在饲养的蛇有2000多种，10万余条，都是从全国各地和国外收集而来。每天要给8万条蛇挤出毒液，再将毒液过滤、蒸干制成针剂后注入马体，然后抽取马血，提制出各种治疗毒蛇咬伤的抗毒血清，最后把制成的血清运往全国各地，还远销到拉美和非洲许多国家。该所研究和生产的抗毒血清和疫苗有35种，每年生产抗毒血清1500万支。据说，这种血清还可以治疗天花、白喉、鼠疫和破伤风等病症。

蛇类研究所除养蛇外，还饲养着各种毒蜘蛛、毒蚂蚁、毒蝎和毒蜂等，真可谓“五毒俱全”。我们在实物展厅里看到了各种各样毒物的标本和图片，这些带毒的昆虫长得千奇百怪，十分罕见，如有的毒蜘蛛大如脸盆，通体墨黑，浑身长毛，形象狰狞；又有一种毒蚁身长一寸多，头上长着一对毒刺，令人望而生畏。研究所饲养这些毒物也是为了研究它们的生活习性，并利用它们提取毒液，制作各种抗毒血清。

来到布坦坦研究所最有趣的参观项目是观看研究所的毒蛇饲养场。游人可以从饲养场的四周看到里面，园内有假山、喷泉和蛇舍，只见草地上、树枝上爬满了大大小小、五颜六色的毒蛇。有的匍匐在地状如冬眠，有的盘绕在树上纹丝不动，其保护色与树皮相似，远看就像树枝一般，有的两条缠在一起，不知是在撕打还是在亲昵，有的昂着三角蛇头口吐信子，似乎随时准备袭击，有的则摆动着环状后尾向走近它的人示威，那些一定是毒性最大的响尾蛇了。不过，你不用害怕，饲养场四周有半人高的水泥围墙，中间还隔着一条深沟，游人是绝对安全的。

已有百年历史的布坦坦研究所现已发展成为世界上最大的医治蛇毒的疫苗和血清的生产中心和研究蛇类生活的重要基地之一，每年还要接待二三十万慕名而来的国内外游客，已然是圣保罗的一个热门旅游景点了。

原始森林中的都市马瑙斯

想作亚马孙之旅，必须先到马瑙斯，巴西各大城市与马瑙斯之间都有航班直通。

Tips

圣保罗（Sao Paulo）旅游TIPS

南美洲最大的城市

圣保罗州首府圣保罗市，是南美最大的城市、最大的工业中心，世界4座最大的都市之一。位于国境东南部马尔山脉大崖壁边缘海拔800多米的高原上，城区面积1624平方公里，包括郊区在内的大圣保罗则达2300多平方公里，大圣保罗人口超过1300万。该城虽然处在南回归线附近，但因地势比较高，夏季多雨凉爽，冬季干燥偏冷，无严寒，是一座气候宜人、林木苍翠、风光秀丽的城市。

圣保罗最早是印第安人的村落。1554年1月25日，葡萄牙殖民者来到这里，发现其地理位置理想，便大兴土木兴建城镇，因这一天恰好是天主教纪念圣徒圣保罗的日子，便将这座城镇命名为圣保罗。1711年圣保罗设市。1822年，巴西在这里宣布独立。到1880年，圣保罗仍只是一座面积2平方公里、人口4万的小镇，但到19世纪末期，因附近地区大面积种植咖啡和外国移民大量涌来，城镇开始迅速发展起来，到1940年城市人口已超过130万。据有关报道称，圣保罗是世界上发展速度最快的城市之一。

圣保罗市商业十分繁荣，商业区主要集中在迪雷塔大街、"十一月十五日"大街、圣本托大街、"三月二十五日"街、安东尼奥·普拉多广场和共和国广场一带。三月二十五街简称二十五街，有"巴西的唐人街"之称。另外，在共和国广场中心的花园里，设有工艺品集市，有出售宝石、古董、木雕、皮货、邮票、硬币、名画的摊位，每逢星期日，圣保罗市民和外来游客纷纷涌到这里，使集市变得水泄不通。

市中心地区有一个占地2.7万平方米的大市场，商品繁多，种类齐全，而且价格较低廉，一天到晚人来人往，熙熙攘攘，热闹非凡。另外，1600多家大小饭店、餐馆分布全市各个角落，但主要集中于市中心、富裕阶层聚居的东南区和消费水平较高的西区。

巴西素有"咖啡王国"的称号，咖啡产量约占世界总产量的1/8，而圣保罗附近地区是巴西的重要咖啡产地，市

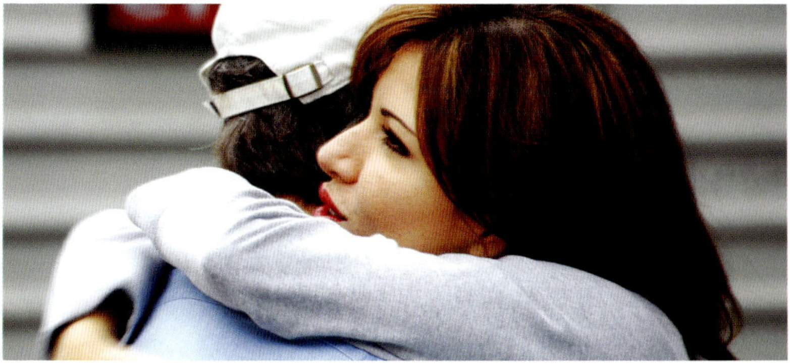

区大街小巷各类咖啡馆比比皆是，一天到晚顾客盈门。圣保罗的几个商业区分布在全市不同区域，圣保罗市中心的Oscar Freire大街名店林立，世界顶级服饰的店铺在这里都可以看到。圣保罗市东区则有拉美地区最大的购物中心之一Shopping Aricanduva。圣保罗市西也有多个高档购物区，圣保罗最昂贵的两个购物场所Iguatemi和Potio Higienopolis就位于此。圣保罗市南区是购物中心的聚集地，除了有多家高档店铺的Ibirapuera购物中心，还有Shopping SP Market Place、Shopping Interlagos、Shopping Jardim Sul、Shopping Plaza Sul和Shopping Metro Santa Cruz等多个购物中心。圣保罗市北的Center Norte则是圣保罗历史最久的购物中心。每周日，圣保罗的共和国广场都有手工艺品市场，出售T恤、邮票和各种纪念品，市场间还有各种食品摊贩，非常热闹。

圣保罗也是一座文化城市，市区博物馆众多，其中著名的有圣保罗美术博物馆、巴西美术博物馆、家具博物馆、航空博物馆、科学博物馆、印第安民间艺术和手工艺品博物馆等。这些博物馆建筑别具一格，藏品丰富，对游客具有极大吸引力。圣保罗市区还有许多著名建筑物，其中最引人注目的是南美洲最大的教堂之一——天主教大教堂。这座教堂始建于20世纪30年代，落成于圣保罗建城400周年的1954年，是一座典型的哥特式建筑，气势宏伟。

巴西热带雨林

我们首次去马瑙斯是从圣保罗出发，全程3100公里，历时3个半小时，在巴西利亚机场作短暂停歇后，飞机进入亚马孙地区上空，从舷窗俯瞰，只见稀薄的云层下面是望不到尽头的浓绿，那是一片浩瀚无垠的树林的海洋。更令人惊叹的是林海中那些纵横交错的河流，在朝阳照耀下，闪烁生辉，仿佛造物主用巨笔挥洒的狂草，连绵回绕，气势磅礴。

飞机降落在马瑙斯国际机场，一走出机舱，一股热浪扑面而来，我们立即意识到，我们已到了赤道边上。然而，马瑙斯给我们深刻的第一印象，不是42℃的高温，而是城市的繁华。要不是身历其境，很难想象这个街道上车水马龙，人流如潮的城市，四周竟是寂寥僻静的莽莽林海。

马瑙斯是亚马孙州的首府，位于亚马孙河流域区正中，在索雷蒙斯河和内格罗河（即黑河）两河汇合处，是巴西吞吐量最大的内河港口，国内唯一的自由贸易区和转口区，现有人口近150万。马瑙斯在近一个多世纪的岁月里，经历过兴盛、衰落和复兴的历史沧桑。

马瑙斯（Manaus）一词原是当地印第安部落的名称。1669年葡萄牙殖民者在这个地方建立了一个要塞，名叫黑河港。1774年时这里人口还不到200人。马瑙斯的繁荣是从19世纪末伴随橡胶热潮开始的。当时在亚马孙河上游发现了天然橡胶，采胶业兴起，马瑙斯成为橡

马瑙斯附近的黑河河口

胶采集的集散地和中转站，吸引了成千上万的移民和欧洲大公司，城市人口猛增。在橡胶业空前景气的当时，欧洲商人赚取了高额利润，同时也将欧洲文化带进了亚马孙河流域，马瑙斯发展成了欧洲风格的大城市，被称为“热带的巴黎”。但是这种局面没有持续多久，东南亚橡胶业的飞速发展打破了巴西对天然橡胶的垄断，使巴西橡胶业的地位一落千丈，马瑙斯也就此陷入衰落，沉寂了很长一段时间。

为重振马瑙斯及整个亚马孙地区经济，巴西政府于1967年将马瑙斯辟为自由贸易区，给予优惠政策，大力吸收外资和先进技术。不到20年，马瑙斯不仅从衰落中复兴起来，而且已成为巴西西北地区石油化工、电子和电器工业发展中心，令人刮目相看。

今日马瑙斯既是一座新兴工业城市，又是著名的旅游胜地。在那里你能看到，市区街道洁净如洗，花团锦簇，是个名副其实的“热带雨林中的花园城市”。见证当年辉煌岁月的欧式古老建筑与新建成的现代化楼群相得益彰，富丽堂皇的旧时剧院和观光旅馆及木结构的水上民居交相辉映。马瑙斯市值得游览的地方很多，譬如，能激发游客思古幽情的圣萨巴斯蒂广场，美轮美奂的亚马孙剧院，出售亚马孙丛林中野生小动物和鹦鹉的里斯本市场，反映亚马孙地区生物特色的动物园、植物园、博物馆，令旅客驻足的“迷你”小教堂等。

巴西热带丛林中美丽的金刚鹦鹉

亚玛孙森林的珍稀动物——可爱的小香猴

当然，最激动人心也是马瑙斯之旅的重头戏，是乘船在蜿蜒于亚马孙热带雨林中的黑河上航行。

橡胶在这里诞生

橡胶，众所周知是现代工业必不可少的重要原料，尤其是汽车工业，离开了用橡胶制作的轮胎是不可想象的。说起橡胶，我们中国人都晓得它的主要产地是东南亚。上世纪初我国最早下南洋谋生的华工大多是在橡胶园里割胶。但很少有人知道，天然橡胶的原产地却是遥远的南美洲亚马孙热带雨林，橡胶业的发祥地是巴西的马瑙斯。所以，你到马瑙斯旅游，首先应听人讲讲橡胶的故事，因为这个城市的命运与橡胶业的兴衰变迁息息相关。

气象壮观的亚马孙雨林

橡胶树原是热带雨林中的原始三叶胶，原产于巴西亚马孙河流域马拉尼昂西部地区。最早，当地印第安人把这种割破外皮后会流出乳白色液体的树叫做“眼泪树”，并用土法制作成橡皮球玩耍。1493年哥伦布第二次远航美洲返回欧洲时，把这种橡皮球也当作他“发现”的财富带了回去。1819年，苏格兰人马金托希偶然发现橡胶可以溶解在从煤油提炼出来的一种挥发油中，把这种溶液涂在布上，干了就成了不透水的“雨衣”。1839年，美国人查理·固特异发明了橡胶的硫化处理法，可以增加橡胶的弹性和强度，橡胶的用途变得更广了。1888年美国人邓禄普发明了充气轮胎，随着汽车的发明和广泛使用，橡胶更是身价百倍，成了19世纪末全世界最抢手的一种工业原料。

亚马孙地区的橡胶林吸引了成千上万的移民，特别是东北部的移民深入林区从事采胶业，同时吸引了许多外国大公司、欧洲商人蜂拥而至。巴西成为橡胶的重要产地，全世界所需要的橡胶大部分来自巴西。马瑙斯作为橡胶贸易的中心，一跃成为南美洲最繁华的城市之一，人口猛增，城市规模迅速扩大，建筑不断增多，陆续开设了银行、医院、剧场、赛马场、夜总会，并在亚马孙地区率先建成立了电话系统，城市街道还用上了电灯照明。昔日的小镇马瑙斯发展成了一座具有欧洲风格的大都市，被称为“热带的巴黎”。

然而，好景不长。20多年后巴西“橡胶黄金国”的地位发生了急剧变化。原来，早在1878年英国植物学家亨利·威克姆把7万棵亚马孙三叶胶树种子偷运到了伦敦，先在英国的植物园里栽种。后来英国人陆续把橡胶树移植到气候与亚马孙相仿的锡兰（今斯里兰卡）、马来西亚、新加坡、泰国和越南等地。橡胶业在东南亚迅速发展，到了1913年产量已超过原产地巴西，跃居世界首位。与此同时，国际市场上橡胶价格急剧下跌，1913年的价格不及1910年最高价格的四分之一。随着巴西对天然橡胶的垄断地位被打破，马瑙斯也逐渐衰落。

现在你在马瑙斯已找不到当年橡胶集散地与贸易中心的任何遗迹，但你能见到多处足以见证橡胶业黄金时期马瑙斯市何等繁荣的豪华建筑，其中最具代表性的是亚马孙剧院，值得一看。

逝去的辉煌——亚马孙剧院

在亚马孙之旅的核心地马瑙斯，你要参观、游览的去处很多，其中有个地方值得你留住脚步，花点时间细细品味和观赏，那就是亚马孙剧院（Teatro Amazonas）。

19世纪后半叶，随着橡胶热潮带来的经济飞速发展，腰缠万贯的“橡胶大亨”们向往在丛林中诞生的马瑙斯也能享受到与欧洲大都市相同的生活，于是大兴土木，在内格罗河边的马瑙斯市里营造了一大批仿效欧洲新古典主义的建筑和豪华的文化娱乐设施，其中最具象征性的要算亚马孙剧院。

这座举世闻名的大剧院耸立在市区圣萨巴斯蒂广场一边，是一座蓝白相间的欧式建筑，正面半圆形顶部有白色浮雕，高大的花岗石台阶，拾级而上，直抵大门，令人想起巴黎歌剧院。剧院内部装饰极尽奢华，富丽堂皇之至。悬挂

堪与巴黎歌剧院媲美的亚马孙剧院

在大厅中央的特大水晶吊灯是威尼斯制造，墙壁上的大幅绘画出自意大利名画家之手，大厅四周饰有苏格兰格拉斯哥的细工铁花，楼梯、走廊等用的名贵大理石都来自法国和意大利，舞台挂幕上绘着希腊神话中楚楚动人的女河神，背景是亚马孙河的奇妙景色。剧场内共设观众席700个，另有450个席位分设在二层到五层的包厢内，二层中央是接待国宾级贵宾的特设雅座，各层包厢里路易十六风格的家具来自巴黎，皮椅来自俄罗斯。

这座堪称世界上最美丽的剧院之一的亚马孙剧院从设计、建造到装饰耗时17年，于1886年正式落成。剧院建成后经常招聘欧洲一流的歌手登台献艺，一些国家的著名歌剧团和俄罗斯芭蕾舞团都在此演出过。橡胶繁荣时期，亚马孙剧院终日灯火辉煌，夜夜笙歌。可惜好景不长，巴西橡胶业的衰落导致了马瑙斯的式微，大剧院也难逃“门庭冷落车马稀”的厄运。直到上世纪60年代马瑙斯自由贸易区建立，当地经济得到复苏，剧院才恢复了生机。每当华灯初上，剧院前车水马龙，又有一番热闹景象。

我们第一次去马瑙斯时，正逢剧院大修，不得其门而入。两年后再访马瑙斯，剧院已重新开放，整座建筑粉饰一新，光彩照人，让我们依稀窥见到它昔日的辉煌。

浴火重生的金凤凰——马瑙斯自由贸易区

许多国家为了对外开放发展经济，往往在发达的沿海地区或交通便利的

美丽的歌剧院广场

边境地区建立自由贸易区或经济开发区，富有创造性和想象力的巴西人却作出了另一种异乎寻常的选择，他们在上世纪60年代就在远离本国经济中心、地处内陆腹地、被一望无际的热带雨林包围的马瑙斯建立了一个自由贸易区（zona franca），他们的战略意图是依托这个自由贸易区带动整个亚马孙地区的经济发展。30年来的实践证明，他们的大胆尝试成功了。

20世纪初的马瑙斯，由于橡胶业黄金时期的结束，经历了一个漫长的经济奄奄一息的衰退期，尤其是当周边地区因拥有沿海和四通八达的公路网的优势而得到快速发展时，亚马孙西部地区则越来越孤立，作为亚马孙州首府的马瑙斯几乎成了被人们遗忘了的城市，直至1957年马瑙斯自由区和自由港的建立才迎来了转机，而真正的大变化发生在10年后的1967年，巴西政府放宽了法律限制并重新规划了自由区的模式。1968年巴西政府正式颁布了建立自由贸易区的法令，在马瑙斯划出1万多平方公里的地区建立一个工业园区，一个免税商业区和一个农牧区，对马瑙斯实行财政鼓励，免征工商税、所得税和进出口税，以鼓励国内外企业投资。马瑙斯是个无论陆路还是水路都难以进入的地方，为了解决这个难题，1967年制定了一个以生产轻巧的易于空运的高科技产品为基础的工业化规划。这些政策和指导方针吸引了美国、日本等的外国投资商纷纷

Tips

波尼多

波尼多美食：食人鱼汤、鳄鱼煲、烤鳄鱼肉、瓜维拉、波卡葡萄、“奇巴”奶酪饼、“德雷雷”茶。

波尼多民俗节庆活动：2月：波尼多嘉年华会；4月：牛仔庆祝会；6月：校园6月节庆、圣彼得6月节庆；7月：冬季艺术节；10月市庆（2日）、南马托格罗索州分界纪念日（11日）；11月：瓜维拉节；12月：无角牛节庆。

娱乐项目：在那里，不只可以进行各种冒险运动，还可以欣赏到自然美景，适合各年龄层的游客前往。从激流泛舟到爬山健行，甚至随着清澈的溪流漂游和浮潜，还有天然岩洞和山涧瀑布等。

在自由区投资办厂，主要生产电子电器、家用电器、手机、钟表、摩托车等产品，发展起各类工业，形成了若干中心，如电器电子中心，手表中心，光学仪器中心，两轮车中心以及首饰、玻璃制品、针织服装中心，区内现有各类工业、企业500余家。马瑙斯目前是巴西第三大航空货运中心。每两年自由贸易区举办一次马瑙斯国际展览会。

自由区生产的不断扩大，旅游、旅馆业的兴旺发达，给马瑙斯市带来了数以万计的就业机会，马瑙斯的人口从开发区建立初期的24万猛增到了140万人。这座原始森林中的城市重又获得了新生，再现了昔日的辉煌。

我们曾两次来到马瑙斯自由贸易

亚马孙食用鱼中的明星——土库纳雷鱼，是垂钓者们的最爱。一条鱼可达10多公斤

区参观。尚未进入开发区，那些矗立在公路两侧的接二连三的各种国际知名产品的广告牌已是令人眼花缭乱，先声夺人，让你感到即将进入一座高度现代化的工业城市。我们曾在那里参观了日资本田摩托车厂，据告，该厂是世界上现有40个摩托车厂中最大的一个，日产400辆，这个厂也是唯一能生产以乙醇为燃料的摩托车厂。这家摩托车厂也跟其他行业的工厂一样，一开始都仅仅进口外国的零件进行装配，随后逐步加快国产化和吸收外国先进技术的步伐，眼下工业产品平均国产化率已达80%。

马瑙斯自由贸易区里，已有两家中资企业在那里安了家，一家是已开设20多年的华西木材公司，另一家是近年建立的格力空调厂，你要是到了他们那里，他们一定会告诉你许多关于自由贸易区和他们自己艰苦创业的有趣故事。

食人鱼与人食鱼——亚马孙鱼鲜趣谈

河网交错的亚马孙流域是名副其实的鱼类的天堂。迄今已发现了3000余种鱼，据估计，可能有逾5000种鱼生活在这片水域，其中有350种为味美的食用鱼，如巨骨舌鱼(pirarucu)，土库纳雷鱼(tucunaré)，苏鲁比鱼(surubim)，大西洋马鲛(pintado)，黑脂鲳(tanbaqui)，道乌拉多鱼(dourado)，帕库鱼(pacu)和锯鱼(piranha)。我们第一次听到这些名字是在朋友家的餐桌上。那是抵达马瑙斯市的当晚，主人用一道别开生面的烤鱼款待我们：一个巨大的木盘里盛着一大段香味四溢的烤鱼，鱼块的横切面就足有一尺余宽，你可以想象这是多大的一条鱼！它就是公认的食用鱼中的大明星——土库纳雷鱼，吃起来味似鲜嫩的猪肉，肥而不腻，鲜美无比。正当我们大快朵颐时，主人却说请我们吃鱼很不好意思，在这里鱼是穷人的食品，唾手可得，取之不尽，而肉类和蔬菜倒是要从千里以外空运过来，自然要比鱼金贵多了。谈起鱼，一位同伴说，据传亚马孙河水系里游荡着一种会吃人的魔鱼，问主人可是真的。主人笑称，你们说的是“皮拉尼亚”，印第安语意思是“牙齿锋利的鱼”，学名“锯鱼”，俗称“食人鱼”，也叫“水虎鱼”，这种鱼形体虽小，聚在一起却是一个非常危险的群体，它们嗜血成性，有着鲨鱼般的嗅觉，在水里能闻到百米以内的血腥味，会立即像箭一般蹿过去，发起攻击。前些年，好莱坞拍过一部名叫《食人鱼》的电影，讲的就是皮拉尼亚吃人的故事，看了令人毛骨悚然。

在亚马孙河上垂钓其乐无穷。抵达的翌日，我们即乘船游览，边观景边钓鱼。此时大家又想起了小魔鱼“皮拉尼亚”，当别人用蟹肉作鱼饵锈钓美味的巴库鱼时，我却把虾肉挂在鱼钩上，因

餐桌上的“吃人鱼”皮拉尼亚

钓到的食人鱼

为听人说这是专钓“食人鱼”的，钓钩刚放下，很快便有鱼咬钩，提起钓竿，友人一声呼叫：“皮拉尼亚！”飞快拿起预先准备好的木棍，朝着尚在钓钩上挣扎的食人鱼猛击一棍，那条鱼立即瘫在船板上，我连忙上前察看，恶名远扬的食人鱼形体有点像我国的鲳鱼，斤把重，眼睛血红，嘴里长着12对锋利的锯齿。看着我疑惑的神情，朋友说：“鱼与人一样，不可貌相，此时如有皮肉外伤的人落入水中，血腥味立即会引来皮拉尼亚鱼群的袭击，落水者也许来不及呼叫救命，便被吃得只剩下一副森森白骨，这绝非耸人听闻！”

这天晚上我们餐桌上多了一道鲜味独特的皮拉尼亚鱼汤，主人笑道：“在水中食人鱼吃人，陆地上人吃食人鱼，就看谁拥有优势了。”

Tips

马瑙斯旅游 TIPS

马瑙斯市为亚马孙州首府，地处黑河和索里芒斯河（亚马孙河支流）交汇处。该市工业以冶金、电子和机械为主。拥有世界上最大的浮动码头，全长1313米。

马瑙斯是著名的旅游城市，在它的周围可以领略到亚马孙河流域的独特风情。距市区80公里就是野生热带雨林，其美丽的自然风光以及自由贸易吸引世界各地的游客。

主要景点

海关大楼（砖瓦均从英国进口）、马瑙斯大剧院、印第安人博物馆等。

马瑙斯美食

feijoada黑豆加肉块、香肠、猪耳、猪尾及白饭；vatapa鱼油加虾及椰汁配上白饭及面包；sarapatel内脏加番茄、胡椒及洋葱汁；caruru虾加秋葵、洋葱及胡椒；churrasco烤牛肉加番茄、洋葱酱；lacaca鲜虾浓汤；moqueca椰汁海鲜；chopp生啤酒。

马瑙斯民俗节庆活动

元旦：1月1日；狂欢节：2月中下旬；蒂拉登特斯纪念日：4月21日；国际劳动节：5月1日；独立日：9月7日；万灵节：11月2日；共和国日：11月15日；圣灵怀孕节：12月8日；圣诞节：12月25日。基督升天节：5月28日；基督圣体节：6月18日。

马瑙斯购物

cachaca酒、紫水晶、蛋白石、蓝宝石、皮件、手工皮革制品、咖啡。

最佳旅游时间

常年湿热多雨，年平均温度26℃，最高可达35.6℃，最低18.5℃。年平均降水量2500毫米。

特色景点

黑角河滩

尽管离海很远，马瑙斯也有沙滩，虽然是淡水河滩，但景致之美不下传统的咸水海滩。其中最有名且最热闹的是黑角河滩。黑角河滩约2公里长，距市中心仅15公里，岸边有无数小吃摊和酒吧林立，从日出到日落都挤满人潮。入夜后，在特殊的灯光照明下，黑角河滩更散发出令人难以抗拒的魅力。喜欢运动者也可在黑角河滩找到很多选择，那里有足球场、多用途球场、跑道、自行车道和可眺望黑河湾的瞭望台。

马瑙斯港

整个马瑙斯港建筑体都在1987年被列为国家级古迹，包括圣维仙琪岛大楼（Rua Bernardo Ramos）、中央办公室（Rua Taqueirinha）、州议会附设大楼（Rua Governador Vitorio）和旧公库大楼（Rua Maurício de Souza）。前三栋大楼都是在港口进行修复前建成的楼宇。除了马瑙斯港的百年建筑，游客还可以参观港口博物馆，这里展出许多珍贵的文史数据和照片。

伊瓜苏大瀑布是情侣们钟爱的浪漫之地

伊瓜苏大瀑布

世界上最壮丽的瀑布群——伊瓜苏大瀑布

“伊瓜苏”这个名字对所有到过巴西、见过这个大瀑布的人来说，都能唤起一段回味无穷的美好记忆，它的确是世间少有的最壮丽的自然景观。我们有幸两次前往览胜，一次是从巴西境内乘飞机前去，一次是从阿根廷一侧驱车观光，充分享受了多维式观赏带来的无与伦比的视觉乐趣。

“伊瓜苏”(Iguazú)在印第安语

里意思是“浩大的流水”。充沛的雨水和亚热带茂密的森林为伊瓜苏河提供了丰富的水源，滔滔河水流到巴西与阿根廷交界处的平原地带，形成了直径三四公里的浩瀚大“湖”，再往前，“湖”水因河床突然下降，自落差七八十米的悬崖骤然跌入低谷，倾泻而下的激流似飘动的白色水帘，雪浪飞溅，水雾缭绕，几千米之外轰鸣之声不绝于耳，河水自绵延4000米宽的河床上泻下时，又变作大大小小275个瀑布组成的瀑布群，奔腾咆哮，蔚为壮观。

从空中俯瞰世界上最壮丽的瀑布群伊瓜苏大瀑布，更觉壮丽

独特的美景。巴西部分，景色壮观，从几千米宽的悬崖上奔腾而下的大大小小瀑布环绕成月牙形，与周边景色构成一幅绝妙无双的美丽画卷，瀑布群水雾上方常挂着一道巨大的彩虹，好一幅天成奇观！巴西人在瀑布中段凌空架设了一座观景台，从上面极目远眺，惊险刺激的美景一览无遗。步下河崖，沿着一座架设在水面、蜿蜒曲折地伸延到靠近瀑布的栈桥前行，抬头仰望，最惊险壮观的“魔鬼喉”瀑布近在眼前，绝壁流水狂奔，耳边涛声如雷，似千军万马呼啸而来，惊心动魄。水流在空中卷起浓浓的水雾，伴着晶莹的水珠，洒落在游人身上，游人们即使穿着雨衣，打在脸上、手上的水珠仍能让你感到冰凉彻骨的清爽与刺激。巴西朋友说，观看伊瓜苏瀑布的最好季节是雨季（11月—4月），那时节的“魔鬼喉”与其他上百条瀑布汇成一道大瀑布，远看宛如挂上了一道绵延数公里的巨大白色幕墙，气势如虹，汹涌澎湃，瀑声远达20多公里之外。伊瓜苏瀑布常在不同的时间展现其不同的美丽，晨曦中，你会看到瀑布群前，白色细浪托起一轮红日；中午时分，绿影婆娑，日光泛银，映衬奔腾的浪花；夜幕降临，两岸的聚光灯射向瀑布，随着灯光颜色变换，瀑布也随之千变万化，若真若幻，恍如仙境。

伊瓜苏大瀑布

景色之美，令人流连忘返。行人在此，真有“疑是银河落九天”的感觉。

伊瓜苏河在巴西高原上流了1000多公里，沿途集纳了大小河流30条之多，到了大瀑布前方，已是一条大江河了。伊瓜苏河奔流千里来到两国边界处，从玄武岩崖壁陡落到巴拉那河峡谷时，在总宽约4000米的河面上，河水被断层处的岩石和茂密的树木分隔为275股大大小小的瀑布，跌落成平均落差为72米的瀑布群。由于河水的水量极大，在这里汇成了一道气势磅礴的世

界最宽的大瀑布。

伊瓜苏能在这里形成这一壮丽的大瀑布，是与其地质、地理条件分不开的。大瀑布所处的地形是由12亿年前岩浆喷发而成。巴西的巴拉那河谷是南北走向的玄武岩，但伊瓜苏河及其河床岩层的走向正好与巴拉那河垂直，其河水的冲刷与侵蚀作用远远比巴拉那河微弱。这样，就在伊瓜苏河与巴拉那河相交汇处，造成了河床的水平位差，日久天长，经过无数个日日夜夜，就形成了现在的伊瓜苏大瀑布。直到现在，大瀑布依然在改变着，这种变化还将一直进行下去。

Tips

伊瓜苏瀑布TIPS

伊瓜苏瀑布位于阿根廷和巴西边界上伊瓜苏河与巴拉那河汇合点上游23公里处。瀑布为马蹄形，落差82米，宽4000米，是北美洲尼亚加拉瀑布宽度的4倍，比非洲的维多利亚瀑布还要宽一些。悬崖边缘有许多树木丛生的岩石岛屿，使伊瓜苏河由此跌落时分成275股急流或泻瀑，高度60至82米不等。11月到3月的雨季中，瀑布最大流量可达12750立方米/秒，年平均流量为1756立方米/秒。

伊瓜苏河宽阔的河面，从巴拉那高原边缘落入一个狭窄的峡谷，形成此瀑布，人们形容它为“大海泻入深渊”。世界上最宽的瀑布犹如天上的银河下凡，雷鸣般的水的冲击声浪可以传到25公里以外的地方，巨浪掀起的水雾高达150米，水雾在阳光的照射下，演变成七彩缤纷的，形状各异的彩虹。1541年西班牙探险者巴卡首先发现了该瀑布，现在，阿根廷和巴西为保护这里的景观与相关的野生动植物，都在瀑布附近设立了伊瓜苏国家公园。伊瓜苏瀑布的壮美景观被誉为南美洲的一大奇观。

在伊瓜苏瀑布区，前有茫茫的伊瓜苏河，后有富饶的大平原，中有清澈蔚蓝的湖泊，真是人间仙境。这里的瀑布，东一群瀑布，西一串瀑布，瀑布上挂瀑布，瀑布下串瀑布，上看有瀑布，下看有瀑布，左看是瀑布，右看还是瀑布，

我们另一次观赏伊瓜苏瀑布，是从阿根廷境内。沿着修竹茂林夹道的石径，穿过狭长的“九曲桥”，豁然开朗，奇伟的天泽地、圣马丁、亚当与夏娃及魔鬼喉等瀑布一一呈现眼前，其中魔鬼喉最为壮观，自悬崖直冲谷底，溅起几十米高的浪花水雾。有人说，伊瓜苏的阿根廷一侧更富探险的兴味。要尽得大瀑布的壮丽景观，最好是两边都看，而且，自巴西一侧过境到阿根廷并不需要办理任何手续，两国的伊瓜苏国家公园还会让你观赏到许多珍稀动植物，它们都是伊瓜苏“人类自然遗产”完美的展现。

位列世界前茅的伊泰普水电站

在我国的长江三峡水电站建成之前，巴西的伊泰普水电站被公认是世界上最大的水力发电站。20世纪八九十年代，到巴西访问或游览的中国人无不在观赏了伊瓜苏大瀑布后立即到附近40公里处参观伊泰普水电站，一睹这一“世纪工程”的风采。我国当年参与三峡电站建设的工程人员更是一批又一批、一次又一次地专程前往观摩考察，我国历届国家领导人也都在那里留下过足迹。今天，你到巴西去游览，无论是否已参观过长江三峡工程，都值得去见识一下伊泰普水电站，亲眼看看雄心勃勃的巴西人民是怎样在30年前就以大无畏精神着手兴建这座堪称人类建筑史上伟大丰碑的水电站的，也可通过与伊泰普水电站的比照，更好地了解我三峡工程的规模和意义。

说来有趣，我们第一次见到伊泰普水电站不是在巴西，而是在巴拉圭。1984

伊泰普水电站

这样的发电机组共有18座

年，我们在阿根廷工作期间曾有一次应邀访问巴拉圭，在当地朋友陪同下登临了刚建成不久的电站大坝，初次得知，伊泰普水电站坐落在巴西和巴拉圭交界的巴拉那河上，是巴西和巴拉圭两国合建的，将是世界上最大的水电站。我们先是乘车在全长7700米的混凝土大坝上绕了一圈，然后在大坝中央下车，极目远眺，只见大坝上游已形成一个碧波荡漾的人工大湖，坝高196米，相当于60层楼房的高度，蔚为壮观（我国的三峡水电站大坝坝顶长3035米，高185米）。大坝外壁并列着18个粗大无比的发电机组注水管。陪同人员指着大坝两边宽敞的工地说，别看现在那里显得冷清安静，当初施工过程中，工地上共汇集了4万名建设大军，连同服务人员和职工家属，总人数超过10万之众，热闹非凡。那天因正在安装发电机，谢绝参观大坝内部。3年后我们到了巴西工作，当再次有机会参观伊泰普水电站时，特意进入大坝“腹内”，一探究竟。高大顾长的厂房内按设计要求需排列安装18台涡轮发电机，已有14台在运行发电。据告，单台发电机的装机容量为70万千瓦，全部安装完毕后总发电量是1260万千瓦（三峡电站共有26台涡轮机，每台发电量为70万千瓦，总发电量为1820万千瓦，除发电外尚有防洪、航运等重要功能）。伊泰普水电站是美国大古力水电站的1.2倍，前苏联克拉斯诺亚尔斯克水电站的2.1倍和埃及阿斯旺水电站的5.9倍。是当年名副其实的世界最大的水力发电站。该电站能满足巴拉圭全国的用电量和巴西全国用电量的35%。整个工程建设历时17年354天，总投资183亿美元（国外贷款占30%），据说可在33年内全部收回成本（我三峡工程全部建成历时16年，总投资不到200亿美元）。我们问水电站负责人为建水库需移民多少，答称4万多移民已在巴西政府的协助下，在沿水库两岸建设起了自己的新家园。这与我三峡工程须安置百万移民相比，在数量和难度上自是不可同日而语。

伊泰普水电站因建造在一座名叫“伊泰普”(Itaipu)的小岛上而得名，在瓜拉尼印第安语里，“伊泰普”的意思是“唱歌的岩石”。如今，勤劳智慧的巴西人民已在那里谱写了一曲建设美好生活的赞歌，正如我国一位领导人在参观伊泰普水电站后动情地对巴西朋友所说，伊瓜苏大瀑布是大自然创造的奇迹，伊泰普水电站是人类创造的奇迹。

一眼望三国的伊瓜苏市

伊瓜苏市，巴西人称“福斯·杜·伊瓜苏”(Foz do Iguazú)，意为伊瓜苏堡，位于巴拉那河与伊瓜苏河交汇的地方，原是巴西南部巴拉那州的一个边陲小镇，本地并无风景名胜，它之所以遐迩闻名完全得益于离它只有20分钟车程的世界著名的伊瓜苏大瀑布。近30年来，由于在离该市40公里处建起了世界上最大的水力发电站“伊泰普水电站”，使伊瓜苏市不仅名声更大，城市建设也得到了长足发展。凡是慕名前来观赏大自然奇观伊瓜苏大瀑布或专程前往参观“世纪工程”伊泰普水电站的人，无论从巴西哪个城市出发，都得通过航空班机或高速公路网先到伊瓜苏市落脚，然后再改乘大巴或小车前往附近伊瓜苏国家公园的各处景点。市内酒店、商铺林立，人来人往，车水马龙，一派繁荣景象。

我们多次到过伊瓜苏市，发现这个边境小城市还有个独一无二的地理特点，那就是人们站在这里能用肉眼望见三个国家：背后是巴西，左首是阿根廷，对面是巴拉圭。这个一眼望三国的有趣现象也为伊瓜苏市带来了无限商机。

南面，与伊瓜苏市隔着一条界河仅有一箭之遥的地方，便是阿根廷米西恩内斯省的边境小城伊瓜苏港(Puerto Iguazú)，你从巴西这边能看得见那个邻国边城的市政府大门，市内的一切设施都是为游人观赏本国境内的伊瓜苏瀑

伊瓜苏大瀑布

布服务的，伊港离伊瓜苏瀑布群中最著名的“魔鬼喉”只有十多公里路，徒步可至。从巴西的伊瓜苏市进入阿根廷的伊瓜苏港不需要办任何手续，外国游人只需携带身份证或护照就够了。伊港还设有豪华赌场，住在伊市的人可以随意过去玩一把，市内的高级旅馆每天都有大巴接送。

西边，与伊瓜苏市隔河相望并有一座大桥连接的就是被誉为“国际贸易城”的巴拉圭边境重镇东方市(Ciudad de Este)。巴拉圭政府为促进地方经济的发展，在东方市实行特殊政策，使其成为一座向世界开放的自由贸易城，商人、游客蜂拥而至。在成千上万的创业者中，不乏来自香港、台湾和大陆的中国

伊瓜苏大瀑布

与伊瓜苏市隔河相望的就是巴拉圭的“国际贸易城”东方城，商贾云集，我们只能在桥边止步

人，东方市的中国人经过多年的艰辛拼搏，现已站稳脚跟，在经济实力上中国人已超过了曾独霸市场的阿拉伯人和犹太人。东方市物美价廉的外国货，吸引了成千上万的单帮客，其中95%为巴西人，巴西人可以连车带货自由过桥出入东方市。外国游客，包括中国人在内，只要乘坐巴西人开的出租车，也可自由进出东方市。我们有碍于外交官的身份不便过去，但听常去购物的朋友们说，在东方城除了各国名牌商品外，还可买到从茅台酒到笔记本电脑等各种各样“中国制造”的商品，有的价格比我国内市场还便宜。逛东方城、买外国货，已成为到伊瓜苏市来的观光客最感兴趣的旅游活动之一，伊瓜苏市也从中得益颇丰。

“流放的非洲”萨尔瓦多

萨尔瓦多(Salvador)是巴伊亚州的首府，人口数量上为巴西第三大城市。到巴西来的外国观光客往往直奔里约热内卢、圣保罗、巴西利亚、伊瓜苏、马瑙斯而去，忽略了这座拥有400多年历史、曾是巴西最早首都的古城。我们在圣保罗住久了，常被巴西朋友们问及是否去过萨尔瓦多，要是回答说还没有，他们会很认真地说：太遗憾了！不去萨尔瓦多你们对巴西的了解是不全面的。到了萨尔瓦多后，我们果然被那里鲜明的非洲文化烙印和葡萄牙与印第安的特殊影响所深深吸引。

萨尔瓦多的上城与下城之间有升降机相连

萨尔瓦多市位于大西洋西岸桑托斯海湾的出海口处，大部分城区建在一处能够俯瞰海湾的高高坡地上，自然环境十分优美。16世纪中叶巴西首任总督托梅·德索萨为抵御法国和荷兰人入侵，在此修建了圣萨尔瓦多堡垒，为萨尔瓦多城奠定了基础。此后，逐渐发展成殖民地时期的巴西第一大港和繁荣的港口城市，直到1761年迁都里约热内卢前，它一直是总督府所在地。殖民地时期，巴西的甘蔗和烟草种植业兴起，东北部地

Tips

巴西特产3

卡沙萨酒：卡沙萨酒(Cachaca)是巴西的国酒，其酿造有500多年的历史，年产量13亿升，是世界五大名酒之一。其种类很多，有白色的、金黄色的陈年酒，有大型酒厂生产的，也有家庭酿制的。巴全国共有4000多个品牌的卡沙萨酒。

蘑菇：姬松茸又名为巴西蘑菇，是一种食药兼用的大型腐生真菌，因其营养丰富，味道鲜美可口、具有杏仁香味，集美食、美容、医疗、保健作用于一体。具有抗癌、抗凝血、降血脂和安神等特效。

黑豆：黑豆在巴西人眼中简直就是生命，在日常的生活中是不可或缺的主食。巴西盛产黑豆——个大味香，黑豆对人体非常有好处，多吃有益新陈代谢并且营养丰富。

区生产的蔗糖和南部开采的黄金和钻石大多从这里的港口转运，给萨尔瓦多带来了经济繁荣。为保证甘蔗园有充足的劳动力，从16世纪70年代开始，大量的非洲黑人奴隶被运到萨尔瓦多，这里成了世界上第一个奴隶市场，萨尔瓦多也因而得名“流放的非洲”，成为巴西受非洲文化影响最大的城市。置身于此，仿佛来到了某个非洲城市，到处都是非洲黑奴的后裔和黑白混血种人，街上行走着头顶重物的黑人妇女，市面上到处出售颇具非洲特色的食品；节日期间，街头巷尾回响着带有明显非洲节奏的乐曲，在这里你还常能看到有人在玩由黑奴从安哥拉传入的“卡博埃拉”武术。

萨尔瓦多市分上城与下城两部分，几乎所有的古老建筑都集中在上城，故被称作老城。下城倚山傍海，地势平坦，是城市的商业区和码头，街道宽阔，高楼林立，滨海地带建有船坞、仓库和历史上遗留下来的城垒。上下城之间有80米的落差，除道路连接外，还由被称为“拉塞尔达”的电梯和缆车相连，成为萨市的一大奇观。

贝鲁里诺广场附近到处是17和18世纪的建筑

萨尔瓦多是巴西古建筑留存最多的城市之一，这里有许多殖民地时期遗留下来的用黄金装饰的金碧辉煌的住宅和教堂，许多巴洛克式的建筑和民宅都用精选的石子铺砌的道路作点缀。在著名的贝鲁里诺(Pelourinho)广场周围，到处是17和18世纪的建筑，这些建筑透着清淡柔和的色调，被认为是新大陆这类建筑中的代表作。徜徉在这些古朴典雅的建筑群中，难免使人萌发思古之幽情。这些作为历史遗产保存下来的古老建筑已被联合国教科文组织确定为人类文化遗产。

萨尔瓦多市有220万人口，萨尔瓦多人性情闲适，喜欢过节，一年中几乎每个月街上都有庆祝活动。狂欢节更是最盛大的节日，全民参与，一队队狂欢的人群穿着最袒露的衣衫，跟在五光十色的彩车后面载歌载舞，较之里约的狂欢节，别有一番情趣，萨尔瓦多因此而又被称为巴西的幸福之城。

萨尔瓦多也像里约热内卢一样，是一座生活在沙滩上的城市，不过，我们建议你不必留恋这里的海滩，最好还是用有限的时间多去感受这座城市独特的异乡风情。

欧罗普雷托：源自黄金时期的的魅力

到巴西来旅游或访问过的中国朋友，除了对里约热内卢、圣保罗、马瑙斯、巴西利亚、伊瓜苏等地赞不绝口外，欧罗普雷托也是交口称誉的城市。

欧罗普雷托(Ouro Preto)，葡萄牙文意为“黑色的金子”，我们都称它“黑金城”，这一名称源自18世纪初在附近发现的被氧化铁覆盖着的金矿。巴西的米纳斯吉拉斯州(Minas Gerais，意即“大矿山”)，18世纪初是世界上主要的黄金产地，据传，这一期间在此地掘出了将近1200吨黄金和300万克拉钻石。巴西的一些最优美的具有殖民时期特色的城市就坐落在该州陡峭的群山之间，其中最为璀璨的一颗明珠是建于1711年的欧罗普雷托。

欧罗普雷托是伴随巴西黄金时期的到来而发展起来的。17世纪末到18世纪初，米纳斯地区金矿的发现引发了巴西历史上第一次大规模的淘金热，成千上万的淘金者，包括从葡萄牙到巴西来的移民，蜂拥而至。欧罗普雷托成为米纳斯辖区的督府，一些大发横财的新贵们就在当地建起了富丽堂皇的建筑：巴洛克风格的教堂、精致典雅的住宅和庭院、瑰丽无比的喷泉，大量的黄金和宝石被用作建筑的装饰。

欧罗普雷托最值得一看的就是这些分布在市内各处的巴洛克式教堂。现今城内留存着13座大教堂、9座小教堂和5所博物馆，其中的圣弗朗西斯科·德阿西斯大教堂被认为是巴西最典型的巴洛克式建筑。大教堂由被称为“残疾儿”的雕刻大师安东尼奥·弗朗西斯科·里斯本设计并装饰，其内部雕刻和绘画均出自著名画家曼努埃尔·达科斯塔之手。有趣的是，装饰在圣母像周围的天使们个个带有巴西人的特征，

欧罗普雷托：源自殖民时期的魅力

Tips

欧罗普雷托(Ouro Preto)旅游TIPS

欧罗普雷托又称黑金城，位于巴西东南部，始建于1698年，由于出产黄金而在18世纪中期辉煌一时，曾经是当时美洲大陆最繁华的城市。后因金矿枯竭，欧罗普雷托盛景不再，但是城市的大部分建筑至今依然保存完好。城市街道高低起伏，布局错落有致，巴洛克风格的建筑历久弥新。1980年，欧罗普雷托被联合国教科文组织列为世界文化遗产。

欧罗普雷托古镇位于巴西东南部的米纳斯吉拉斯州伊塔科罗(Itacolomi)山脉的附近(欧罗普雷托山的山坡上)。这座古镇是伴随着历史上著名的"淘金热"而发展起来的。1696年，这里发现了大金矿，淘金者纷纷赶来，并在这里营造了富丽堂皇的住宅和教堂，城市渐呈繁荣之势。

欧罗普雷托古镇的街巷狭窄而幽深，街道蜿蜒起伏。路面用卵石铺砌。房屋大部分是白色的平房或两层楼。许多建筑、绘画、雕刻，都保持着殖民地时期的风格。

欧罗普雷托现在有设计精巧、装饰豪华的13座大教堂、5个大博物馆和9座小教堂。其中豪华的巴洛克建筑和众多达到炉火纯青地步的巴洛克艺术，使这里成为巴西巴洛克建筑和艺术的宝库。以雕刻家和建筑家安东尼·弗朗西斯科主持设计施工的教堂最为著名和有艺术价值。城市还有一座知名的教堂即皮拉尔教堂，它用了400多千克黄金装饰大殿，十分豪华。为此，欧罗普雷托被巴西政府列为"国家财产"。

欧罗普雷托的城市形态属于自然生成，不规则的风格是城市多丘陵的地理形态的结果。其细长的城市主体由围绕在市中心的正方形周围的更加密集、错综复杂的街道构成，交通主动脉与第二大街交会于市中心区。

相似的建筑群由红色的瓷砖房顶和白色墙壁的一层和两层住房组成；其木结构单元和装饰是彩绘的明亮颜色。更多纪念性建筑，包括装饰过的砖石结构教堂，是受晚巴洛克风格(18世纪下半叶)的影响，还有大量的城市建筑由泥砖建成。小礼拜堂与交错的路口、桥梁与花园组成了城市整体。

面貌酷似混血种人。另一座有名的大教堂叫皮拉尔教堂，内部装饰整整用去了434公斤黄金和白银，是巴西耗资最巨大的教堂之一。

除了这些令人叹为观止的教堂，你还应去参观两个博物馆，一个是由当年总督公馆改建的矿物学博物馆，里面展出有关当年开采金矿和钻石矿的情况，让你眼界大开。另一座是设在昔日米纳斯州政府大厦内的叛乱者博物馆，主要展示巴西独立运动相关资料，这里还安放着英烈"拔牙者"的棺木，令人肃然起敬。此外，你还可以去参观一个以当年奴隶矿工首领名字命名的金矿遗址，体会一下当年金矿工人的艰辛。在欧罗普雷托，出售名贵宝石的商店随处可见，人们可以在店铺或街上买到当地特有的矿产品，从最贵重的金刚石、祖母绿到黄玉、紫晶、蓝宝石和绿玉，应有尽有，任你选购。

生态之都库里蒂巴

当今天整个地球上的人类都在因浑浊的空气、被污染的水流和肮脏的环境而忧心忡忡时，清新的空气和一片净土就会变得格外珍贵和令人向往，呼唤绿色、保护生态成了当代人的强烈心声。我们第一次从拥挤、喧闹的圣保罗来到库里蒂巴时，就有一种回归大自然的感觉：满城绿色，空气清新，街区美观整洁，道路宽阔通畅。既享有田园般美好环境而又拥有现代化大都市的各种设施，这就是库里蒂巴，它以环境整洁优美和为居民提供高质量的生活而著称于世，1990年被联合国授予“生态之都”和世界三大生活质量最佳城市之一的荣誉。

库里蒂巴（Curitiba）是巴拉那（Paraná）州州府，位于海拔900米的巴拉那东部高原。城市面积431平方公里，加上24个郊区市，总面积为8763平方公里。这一地区历史上以种植咖啡闻名。近20年来，库里蒂巴发展迅速，良好的环境吸引了愈来愈多的投资者，继雷诺、大众、奥迪和克莱斯勒公司在该城郊区建立汽车装配线后，几十家汽车零

“黑金城”皮拉尔教堂是世界上造价最贵的教堂之一，内部装饰用去了434公斤黄金和白银

库里蒂巴的巴西“建筑之父”奥斯卡·尼迈耶博物馆

配件工厂相继问世，使其成为了仅次于圣保罗的全国第二大汽车生产中心。此外，还有生产建筑用电镀钢材的国家钢铁公司，生产航空航天和汽车用的终端系统工业以及远距离通讯设备工业。

库里蒂巴的快速发展得益于城市建设的不断改革和创新，城市的管理者们没有因城市的发展而牺牲环境。在这方面，三次担任市长的建筑师雅伊梅·莱内尔功不可没，在他的倡导下，城市的人均绿地面积从1970年的0.5平方米增加到近年的55平方米，超过了联合国规定的人均绿地标准的3倍多。市级公园也从1个增加到6个，城市绿地1680万平方米，全城有158个公园、5个环境公园和6个森林公园。市政府规定，砍树必须有市政府批准的建筑许可证，而且砍掉一棵树，必须补种两棵。市政府大力发展公共交通，使该市人均燃料消耗量比巴西其他城市少25%，大大减少了空气污染；推行有偿回收垃圾计划，使80%的城市垃圾得到了循环利用；在市民中普及环保教育，城市规划能顺利贯彻正因得到了市民的广泛支持与合作。

漫步在库里蒂巴街头，你会注意到，这个城市在巨大的变革中精心地保护了自己的传统与古迹，市中心的广场上矗立着建于1894年的大教堂，宏伟壮观一如当年。大教堂后面是一片保存完好的古建筑群，宗教艺术博物馆和新颖别致的花钟就建在这里。政府将这

库里蒂巴的“铁丝”歌剧院：金属结构和透明墙壁独具魅力

在库里蒂巴市无论从哪里看出去都是绿色

一地段辟为步行街，禁止车辆通行。库里蒂巴还是个颇有特色的城市，有着独特的人种结构，大部分居民都是欧洲人后裔，以德国、波兰、乌克兰、意大利裔居多，亚裔较少，黑人更不多见，故而保持了不少欧洲国家的文化特点，譬如，这里有一座很别致的波兰移民博物馆，展示早年波兰等斯拉夫人以及德国和意大利人到此拓居的历史过程。还有讲述第二次世界大战的远征博物馆、铁路博物馆、汽车博物馆、马黛茶博物馆等等，市中心那座法国新艺术风格的旧市政府大楼则已辟为巴拉那博物馆，收藏着该州许多重要文物。著名的“十一月十五日大街”是市中心另一条步行街，商业繁华，游客往来不绝。加里巴尔广场的一边是引人注目的罗萨里奥广场，每逢星期日，这里便变成了工艺品市场，吸引着大批游人和顾客。库里蒂巴又是个充满活力不断创新的城市，有“城市改革实验室”之称。离开巴西多年，我们仍不时从国际媒体的报道中听到有关该市发展的最新消息。如今的库里蒂巴城市人口增至160余万，年均人口增长26%。旅游业发展迅速，成为巴西最吸引游客的五大城市之一，对外资的吸引力也与日俱增。追求完美的库里蒂巴人今天拥有各种现代化的生活设施，城市的消费潜力达到75亿美元，年人均消费4768美元，超过了最大城市圣保罗，更远远高于全国2806美元的年人均消费。

库里蒂巴让我们看到了巴西令人振奋的另一侧影。今天，你要是问巴西人愿意在哪个城市生活，恐怕许多人会回答你：库里蒂巴。

Tips

巴西旅游

购物：在巴西值得购买的东西有咖啡和宝石。蜂胶、皮件和手工艺品也是送人的佳品。

安全：笔记本电脑和相机等方便携带的贵重物品不要放在托运行李中，避免在行李中转过程中遗失。圣保罗和里约热内卢等大城市时有盗抢现象发生，游客应避免在晚上单独外出。护照、贵重物品及现钞可寄放在旅馆保险箱里，不要随身携带。

美食：最令人难以忘怀的巴西美食要算是烤肉了。巴西烤肉有着独特的烤法和别具一格的风味，牛肉、猪肉、羊肉和鸡肉都可以入炉烧烤，肉还分为不同的部位，游客可根据自己的喜好品尝。一般人均消费在25美元左右。

如果到亚马孙旅游，煮水虎鱼是当地不容错过的一道名菜。这种鱼是当地一大特色，虽然个头较小，味道也不是特别鲜美，但因为刺少而广受人们喜爱。此外，巴西豆饭也颇具特色。

古韵新貌的海港城市巴拉那瓜

巴拉那瓜(Paranaguá)是巴西东南大西洋沿岸的一个古老的港口小城，说它小，因其只有约11万人口，说它古老，因其始建于1600年，在新大陆“被发现”才500多年的历史上堪称是“古城”了。巴拉那瓜城是随着巴西咖啡种植业的兴起和繁荣而出名的，它是著名的咖啡输出港，其出口能量之大，仅次于桑托斯港和里约热内卢港，在巴西位居第三。如今的巴拉那瓜港进出口商品种类繁多，但已今非昔比。我们是应一位华人企业家的邀请，前往参观他公司的豆油出口设施的。这座港口小城之所以吸引众多旅游客纷至沓来，得益于它那弥漫着怀古气息的城镇，带有明显殖民特征的古城船码头，周边旖旎的自然风光，以

巴拉那州维拉韦亚州立公园内千姿百态的奇石群

及美丽迷人的海滩。

进入巴拉那瓜市之前，我们驱车游览了极具特色的州立维拉韦亚公园(Parque Estadual de Vila Velha)，这一带的红色砂岩经风雨侵蚀与岁月消磨，形成了许许多多千奇百怪的奇石群，游人来到这里仿佛走进了一座露天的雕塑博物馆，林立的石峰中，有的似天鹅，有的如雄狮，有的状若长靴，有的酷似蜗牛，千姿百态，妙趣横生，令我们这些中国游客目不暇接，惊叹大自然的鬼斧神工的同时，也惊讶这一天然杰作与中国云南石林竟有异曲同工之妙趣。想必是岩质不同的缘故，云南石林呈青石本色，此处的石群色红而亮丽。离奇石群不远又见一天然湖泊，湖底的云母在阳光映照下熠熠生辉，夕阳西下时，湖面会泛起一片金色薄雾，当地人称之为“黄金湖”，这样的美景，确实难得一见。

进入巴拉那瓜市内，并没有人们想象中的滨海市镇常有的喧闹和杂乱，给人的第一印象是古朴与宁静。这里的老城区被称为“历史中心区”，大部分建于18、19世纪的古建筑都被完好地保存了下来，如建于1755年的考古学民族学博物馆，曾是当年的基督教神学院，也是这座城市最具代表性的殖民时期建筑之一，如今这里主要展出当地民间工艺品、原住民生产与生活用品等，让参观者对巴拉那州的历史及风土人情有更加感性的认识。该区的罗西奥教堂是1913年为纪念巴拉那州守护神而建造的，位于罗西奥丘陵，登上钟楼，极目远眺，旧港景色一览无遗。走在有名的滨海大道上，让人感到处处弥漫着怀古幽情，这里有老港、餐厅、建于19世纪的旧市场，市场里依旧可以买到从巴拉那瓜港湾捕捉来的海鲜，品尝到市场餐厅以优惠价格酬宾的海鲜菜肴。这里适宜步行观光，城市设施简朴，古趣盎然。要去闹市购物步行前往即可。

巴拉那瓜海湾入口处的梅乌岛上(Llha de Mel)迄今保留着1767年兴建的堡垒和1872年修建的灯塔。岛上绿树成阴，环境优美，有巴拉那州最美丽的海滨浴场，每年大批游客从库里蒂巴前来休闲，古韵新貌，散发着港湾小城独有的魅力。

列车带你画中游

在航空、公路交通十分发达的巴西，外出旅行一般都是乘飞机或坐汽车，火车几乎已成了被人们遗忘的交通工具。在巴西生活的几年里，我们只有过一次乘坐火车的经历，而这唯一的一次经历却一直深深留在我们的记忆里。

巴拉那州是在我国驻圣保罗总领馆辖区之内，我们在对该州首府库里蒂巴市进行了正式访问之后，州政府特意为我们安排了一次别开生面的列车游，主人一再强调，库里蒂巴市通往港口城市巴拉那瓜方向的铁路沿线风光极佳，是巴西首屈一指的游览胜地，值得一游。

巴拉那州盛产咖啡，离州府最近的巴拉那瓜港是咖啡的主要输出口岸，每年大量咖啡从这里源源不断运往世界各地，两城之间一条始建于120多年前的铁路一直运行至今。这条铁路从瓜西奥萨高原驶向大西洋海滨，途经之处因地质构造差异，形成了各种奇特的地貌与景观。如今开往巴拉那瓜的火车分普通列车与观光列车两类。我们在两名州政府官员的陪同下，随游客登上了观光列车，开始从海拔900米的高原驶向峡谷。随着沿途景色的变化，车厢内响起了导游轻柔的葡萄牙语和英语解说声。

妙趣横生的石峰让人感叹大自然的鬼斧神工

观光列车沿着悬崖峭壁蜿蜒前进

车行一个多小时后，列车开始沿着悬崖峭壁蜿蜒前进，车窗外移动的美景向四周铺展开去，迅速地变幻着形态与色彩，只见翠绿的山谷中点缀着一簇簇色彩缤纷的树丛，悬崖陡坡上山花烂漫，正当游客们凝神观赏时，突见列车的前方清流滚滚，迎面奔来。列车在众人的惊叹与欢呼声中拐了个弯，正好与湍流擦肩而过，接着又见两旁奇峰叠翠，峡险涧深，更有瀑布飞泉，气势若虹，尤其是那缭绕在半山间的云雾，缥缥缈缈，给那山、那景披上了一层神秘薄纱，看似体态绰约的少女，时隐时现，风情万种。游客们的情绪被眼前的景色一次次推向高潮，有些人干脆进入驾驶舱，将那些摄人心魄的景色一一收入镜头。在我们的记忆中，在巴西南部旅游，一路上最多见的景色是大片平原，偶尔看到弧线扁平的山丘和站立在矮山冈上的平顶南洋松，眼前这种悬崖飞瀑、峰峦叠翠甚是少见，难怪巴西人要用“绝无仅有”来形容，不过对我们中国人而言，倒有眼熟之感，它很像一幅移动的中国彩墨山水长卷。有趣的是，这幅美丽的画卷，在车行2小时40分钟抵达莫瑞蒂斯车站后，美景戛然而止，画卷像是被人突然收起，给游人留下了无穷的回味。

这时，许多旅游者选择在这里下车，返回库里蒂巴。我们则在这里与主人亲切告别，改乘汽车，驶向大西洋海滨城市巴拉那瓜。

别具风情的南大河州

提起巴西，人们立即想到的往往是迎风摇曳的棕榈树，大街小巷走着黑人和穆拉托混血儿，日常饮料是浓黑咖啡，耳闻目睹的是桑巴歌舞。不错，这是巴西的典型写照，然而，你到了巴西的南部三州，尤其是最南端的南里奥格兰德州(Rio Grande Do Sul，意即南大河州)，你会发现，眼前的一切竟完全是另一番景象。

当你从机场驱车驶入该州首府阿雷格里港市区之前，首先映入眼帘的是一尊手执套马索、全身牧民装束的高乔人的巨大雕像，仿佛在提醒你已进入高乔人的家园。高乔人是葡萄牙、西班牙殖民者和瓜拉尼印第安人的后裔。他们曾经以捕猎野牛为生，创造出了独特的南美洲牛仔文化，他们的故乡在拉普拉塔河周围地区，这一地区现在分属巴西、乌拉圭和阿根廷。巴西的南大河州与阿根廷和乌拉圭同在这一个平坦的南美大草原上，所以这里的一切与巴西其他大部分地区迥然不同，而与这两个邻国却几乎一模一样。首先，这里的气候为亚热带气候，四季如春，在平原和高坡上随处可见的不是棕榈树，而是平顶的南洋松；当地人的日常饮料不是咖啡而是马黛茶，喝法也跟阿根廷人一样，用一根金属制成的吸管吸饮；无论在城镇还是农村，绝大多数居民是白种人，很少见到黑人或亚洲人。

在19世纪和20世纪早期，这个地区温和的气候和丰饶的草原吸引了大批的德国、意大利和波兰移民，他们依然珍视他们独特的欧洲文化，这些文化突出

布鲁门瑙市人跳着洋溢浓郁欧洲风情的舞蹈

表现在建筑、烹饪、节日和音乐上。我们不但在阿雷格里港见到市内大部分的住宅建筑是欧洲风格，在农村里，也到处看到这些新移民建立的西欧式的小型家庭农庄。

我们离开阿雷格里港，走访过好几个中小城镇，那里同样弥漫着一种不同于巴西其他地区的欧洲风情。我们在著

在南大河州到处可见德国风味的建筑

Tips

巴西特产4

马黛茶：马黛茶是当地印第安人的饮料，茶内含咖啡碱，具有提神醒脑、帮助消化、消暑解热的功效。根据医学研究显示，马黛茶还含有大量的维生素、矿物质和蛋白质，是非常好的健康饮料。

喝马黛茶的茶杯

巴西另一个值得买的东西是皮件，像皮鞋、拖鞋、皮包、皮夹等。有些最上等的皮件来自巴西南部，街头的手工艺集市也可以买到手工皮革制品。还有工艺品，像东北部的陶器、手工蕾丝和刺绣，极富诱惑的印第安手工艺品多半来自亚马孙北部，全国到处都有的美丽的木器、草编饰物等。

名的山区旅游胜地格拉马多居然品尝到了地道的瑞士火锅“芳得”(fondue)和巧克力。有意思的是，这些欧洲来的新移民，在保持故土传统的同时，也自然地接受了当地的习俗，如他们同样喜欢喝马黛茶，也爱穿肥大的马裤和披“邦乔”斗篷，并且很乐意像所有南大河州的居民一样，被人称作“高乔人”。来到南大河州，我们好像回到了曾生活过多年的阿根廷的布宜诺斯艾利斯省。

出现这一看似奇怪的现象是有其历史原因的，根据当年教皇关于西班牙与葡萄牙殖民地争端所作出的裁决，现今的南大河州并不在葡萄牙属地范围内，但由于这地方在拉普拉塔地区具有战略重要性，葡萄牙王室动用武力从西班牙殖民者手中夺了过来，先是把一部分巴西内地的居民和畜牧业主迁居到此，后来又鼓励它在大西洋中的属地亚速尔群岛的居民迁至这块新建的都督辖区。葡萄牙殖民地当局1737年在帕图斯湖入口处建立了军事要塞，10年后建起了小镇卡萨伊斯港，即今日的阿雷格里港。接着又征服了土著瓜拉尼人，在这片高乔人的土地上发展起了农牧业。共和国时期，该州又吸引了大量外国移民，主要是意大利和德国移民，于是形成了今天具有独特人文风貌的南大河州。

快乐的阿雷格里港

阿雷格里港（Porto Alegre）葡语原意就是“快乐的海港”，生活在那里和到过那里的人都会告诉你，那里的确是一个富庶、迷人、快乐的港口城市。它是巴西南里奥格兰德州的州府，城区人口130余万，为南部最大、全国第六大城市。

巴西东南大西洋沿海一带是全国经济最为活跃与发达的地区。当年西方殖民者的入侵与掠夺也是从沿海地区开始的。阿雷格里港于18世纪中叶由亚速尔群岛的移民开始兴建，进入20世纪后，随着巴西经济腾飞，该市的发展也进入了快速的轨道。由于它地处5条河流的入海口，为巴西南部最重要港口，如今设施完备，辟有8条入港航道，码头总长8014米，可停泊7000吨海轮，为全国运输最为繁忙的第三大港。在全国工业化浪潮推动下，这里建起了钢铁、石油化工、食品、制革等工业，一片生机勃勃，充满了活力。

阿雷格里港的富庶突出表现在一连串骄人的数据上，城市人均绿地16平方米，拥有350个广场，8座公园和2个

巴西南部最大的城市——南大河州首府阿雷格里港

生态保护地，年人均消费5300美元，城市住房等级较高，45%为A级和B级，在全国各州中这里的保健指数最高，几乎100%的居民饮用经过处理的洁净水，80%的居民使用排水系统，被联合国评为人类发展指数最高的城市。

阿雷格里港的巨大吸引力还来自它优越的地理位置，该城处于巴西最大工业城市圣保罗和阿根廷首都布宜诺斯艾利斯之间，是拉美南方共同体的心脏，巴西南方的最大企业集团和著名的外国公司如通用汽车、南方石化、可口可乐、索萨·克鲁斯等，都纷纷在这里投资设厂。

我们是在11月间前往阿雷格里港访问的，但感气候宜人，温暖如春，景色秀美。城市中心地区高楼林立，街上的行人大部分是金发碧眼的白种人，少见黑人及亚洲人。处处弥漫着不同于巴西其他城市的异国风情，让你自以为置身于某座德国或意大利的城市。

我们在当地朋友陪同下沿着最热闹的博尔赫斯·德·梅德罗斯大街一带漫步，周边有各式服装店、皮货店，出售水果的小摊，甚是热闹。马特瑞斯广场是阿雷格里港的观光中心，这里集中

阿雷格里港的法罗乌皮利亚公园景色迷人，令人神清气爽。

有意大利风格的大教堂、法院、圣佩德罗剧院、艺术会馆等建筑，离广场不远处有历史博物馆，馆内展示18–19世纪移民的生活用品、殖民时期的武器等藏品。坐落在天主教大学内的科技博物馆是巴西最好的科技馆之一。

乘船游览瓜伊巴河能看到阿雷格里港最迷人的景色，站在游船上环视四周，层层叠叠的高楼大厦又让人有置身纽约曼哈顿的感觉。夜幕降临，从河畔观赏落日美景更是令人陶醉，流连忘返。

这里的夜生活丰富多彩，主要集中在有名的“风车”区，酒吧、餐厅、咖啡厅和夜总会林立，彻夜弦歌阵阵。

我们曾慕名到阿雷格里港附近的圣特雷莎山度过了愉快的一天。站在山顶远眺，展现在你眼前的是一望无际的绿色，美丽的瓜伊巴河和阿雷格里港全貌，帕图斯湖波光粼粼的湖水映着晚霞，把整个城市涂成了橘黄色，美不胜收。我们不禁想起了我国的江南水乡苏州，那是另一番妩媚与秀丽。10年前，这两个远隔重洋的城市缔结为友好城市，保持着频繁交往，不啻为两枝各具风韵的姊妹花。

阿雷格里港附近的圣特雷莎山风景秀丽，是最好的休闲去处

Tips

巴西一周行程推荐

第一天

飞机抵达里约热内卢，早餐后乘缆车登上面包山，一览山水之间的里约城市风貌。稍后游览海滨大道，二战烈士碑，建筑风格独特的里约热内卢大教堂。

第二天

早餐后，乘观光火车登上耶稣山，与矗立在山顶上的巨大耶稣像合影留念，并俯瞰里约城市景观，午餐后，乘

车前往世界著名的GUANABARA海湾，观望尼泰罗伊跨海大桥。前往世界客容量最大的足球场，并观赏世界著名球星脚印台。晚餐品尝地道的巴西烤肉，观看热情奔放的桑巴舞表演。

第三天

乘飞机前往伊瓜苏，抵达后前往曾经是世界最大的伊泰普水电站和水

伊瓜苏机场的欢迎仪式

坝参观，此坝坐落在巴西和巴拉圭两国交界处，十分雄伟壮观。

第四天

早餐后前往游览由275个瀑布组成的伊瓜苏瀑布群，进入栈道置身于飞流直下波涛汹涌的宏伟景观中。勇敢者可自行选择参加乘游艇穿越魔鬼喉瀑布群的探险活动，水柱从天而泻，游艇在激流浪尖回旋，惊心动魄。

第五天

早餐后前往巴西、巴拉圭和阿根廷三国交界处参观，并可拍照留念。乘飞机前往圣保罗。

第六天

乘车前往建于19世纪的王宫博物馆参观、在那里还可以欣赏到具有19世纪欧洲风格的花园、巴西独立的地点所建立的独立英雄纪念碑。

第七天

早餐后参观享有“巴西华尔街”美喻的圣保罗金融大道、东方人的聚集地之一东方商业区、州议会附近的开拓者雕像及护法英雄纪念碑，午餐后可前往大型购物商场自主购物，晚餐后乘机离开，结束南美之旅。

3

We all live on the same planet

魅力十足的文化风情

这里生活着各种肤色的人种，彼此和谐共处

巴西，人种大熔炉

世界上许多国家的人民都保留有明显的人种区别，而巴西最有魅力的特点之一就是多种族的大融合，从热闹繁华的圣保罗到悠闲慵懒的内陆乡村，你都会看到呈现出多种深浅不同肤色和各种相貌的巴西人，你也会听到对不同族群的形形色色称谓。在巴西被“发现”以来的500多年历史中，有过太多的来自世界各地的移民前来这里冒险或求生，历史将巴西变成了一个复杂的多民族大熔炉。

巴西最早的居民是土著印第安人（indios）。第一批葡萄牙殖民者来到后与当地人通婚产生了新的人种梅斯蒂索人（mestizos），在当地出生的欧洲人叫克里奥约人（criollos），后来，大批非洲黑人被贩卖到巴西，葡萄牙人与非洲黑奴又有了黑白混血的后代穆拉托人（mulatos），黑人与印第安人的混血叫桑博人（zambos），混血种人之间的再混血形成了日益壮大的融合种族。1888年奴隶制在巴西被废除，种族差异也变得愈来愈模糊。接着，不断涌来的移民还有意大利人、德国人、波兰人、阿拉伯人、日本人、中国人……曾经主要是白人和黑人组成的巴西人，肤色变得愈来愈黄，即使看上去很明显是巴西白人，也往往会有欧洲人、非洲人、土著人乃至东方人的混合血统。我们在圣保罗工作期间，多次遇见土生土长的巴西人主动告

诉我们说，他的祖父或外婆是中国人，或者他有几分之一的中国血统。

据统计，白人在巴西人口中约占54%，黑白混血种人约占近40%，黑人占5.39%，印第安人与黄种人分别为0.16%和0.46%。

就地区分布而言，白人大都集中在经济发达的南部和东部，黑白混血种人多在北部和东北部，土著印第安人主要生活在亚马孙流域。巴西国土辽阔，大量的各族移民在不同地区形成了具有独特传统的社会群体。南里奥格兰德州是高乔人的家园，他们是葡萄牙、西班牙殖民者和瓜拉尼印第安人的后裔，以捕猎为生，拥有独特的南美洲牛仔文化。高乔山脉是意大利人移民后裔的居住地，巴西最早的葡萄园是他们开辟的。巴伊亚州是巴西黑人的文化中心，他们喜爱的菜肴、歌舞都可追溯到遥远的非洲，巴伊亚人喜欢节日，在这个州很难碰上没有节庆活动的时候。生活在亚马孙地区的被同化的印第安人或葡萄牙人与印第安人的混血后裔，在亚马孙河两岸从事打鱼和耕作，过着简朴的自给自足生活。至于像圣保罗那样现代化、国际化的大都市，在不同的历史时期里就曾成

Tips

风俗习惯

巴西的风俗习惯与欧洲差不多。巴西人有时较拘礼，有时又十分随和。初见面时，人们以握手为礼，然而亲戚朋友彼此问候，也习惯拥抱、亲颊。不仅如此，就是对完全不相识的陌生人也可以拥抱、亲颊。“社交”礼仪的亲颊，是在两颊各亲一下。男女彼此亲颊问候，女人与女人也习惯如此，然而在大多数社交圈中，黑人彼此不兴这一套，而习惯握手，同时用左手在对方肩上拍一拍。比较亲近的男士彼此习惯拥抱，在对方背上重重拍打。不过，由于社会地位有高低，究竟谁该亲谁，其中有微妙的区别。

巴西人热情奔放，易交往，乐于助人。巴西人在社交场合为了表示尊重和礼貌，不会插嘴打断别人说话。不要打听巴西人工资、财物等情况。对女性，不要问其年龄和婚姻状况。

巴西人毫不在乎在大众面前表露情感，他们慷慨好客，到他们家里做客，酒杯里永远有酒，盘子与咖啡杯里永远不空。

巴伊亚人居住的小镇

为各国移民的首选地，他们虽不属于同一种族，却是一个富有创业精神、充满活力的群体，他们通过奴隶贸易、开矿探险和咖啡种植把圣保罗州变成了全国最富有和繁荣的地方。总之，在巴西这片土地上，亚马孙地区的印第安人和他们的祖先一样划着独木舟，巴伊亚人信奉非州的宗教，巴西南部举行德国风格的啤酒节，这一切，在巴西人看来，只是不同地区巴西人的不同习俗而已。

多种族融合的巴西与其他一些有着不同种族的国家相比，共处得更和谐，也有着更多的宽容与尊重，但不同的肤色依然是不同社会地位的印记，种族歧视依然存在，黑人和混血人种生活在脏乱的贫民区，从事社会底层的最脏最累的劳动，白人则总是属于最富有最有权威的上层，即使少数黑人进入了技术高层，也得不到与白人同等的报酬。尽管如此，巴西在整合如此复杂的多元文化方面还是取得了出色成就，多种族的各样传统经过独特的发展融合成了一个具有特色的整体，他们有对国家的共同认知，共同的理想、共同的英雄、共同的历史乃至共同的幽默感，以及混合着各种信仰的宗教。随着社会的进步，如今有色人种的地位得到了明显改善，穿西服的黑人身影开始出现在政坛，有了有色人种的联邦议员，足球运动员贝利也成了巴西历史上的第一位黑人部长。享有“多种族熔炉”之称的巴西，更加多姿多彩。

温柔的巨人——巴西人的性格

辽阔的疆土和丰饶的物产造就了南美洲名副其实的“巨人”巴西，有趣的是，人们又在这个“巨人”前面加了“温柔”二字，使这个南美大国因而让人觉得更加可亲可爱。“温柔”是对巴西人性格基本特征的概括，尤其是与拉美其他国家的人相比，巴西人的确很有特点。当我们看西班牙人跳弗拉门戈舞刚劲有力的舞步时，感受到的是伊比利亚半岛人的强悍与暴烈个性，巴西的多数邻

圣诞节相聚在海滩的巴西人

国也许是由于来自宗主国血液遗传，性格也都比较刚烈。而巴西人或许是受到性格较为温和的葡萄牙人影响，抑或更多的是因巴西多种族混合而构成的特有性格，总之，在巴西的街头，很少看到有人脸红脖子粗地吵架或互相斗殴，他们在发生矛盾或冲突时更多地会选择忍让和息事宁人。当然，巴西也有暴力与犯罪，前些年经济不好时抢劫常有发生，即便是在那种情况下，他们的温和性格和独特行事方式也往往会让暴力事件少些血腥气，有时还会透着些人情味。

快乐的艺术家

巴西人热情、开朗，友好。和巴西人相处，他们很快就会把你当作朋友，你也很快就会没有了身处异国的陌生感。每逢节假日，包括像圣诞节这样属于家庭团聚的日子，他们也会邀请你到自己家里，亲切地说“这里就是你的家”，与你分享节日的快乐。他们会在你遇到困难时慷慨地伸出援手，好几次，我们驾车外出迷了路，热情的巴西人会自己开着车把你带到你要去的地方。有次我们的车在马路中间抛锚，素不相识的同路驾车人立即下车帮我们把车推到安全地带，帮你检修并通知交警。

节日的海滩更是人潮涌动

巴西人喜欢娱乐和运动，由于他们是一个多种族、多元文化的民族，好像从每个祖先那里都分别继承了一些特点：非洲人的外向性格和对节奏的热爱，同时也有来自各方移民远离家园的思乡情怀。桑巴舞是他们的共同爱好，即便是忘却一切烦恼的狂欢节也往往透着几丝忧愁，就像桑巴歌中唱的：

“要演奏优美的桑巴，
你需要一点点忧伤，
否则就弹不出好的桑巴。”

巴西人酷爱户外活动，尤其是沙滩与足球。由于大部分人口都集中在沿海地区，海滩是大家都喜欢的游乐场，周末的时候，各行各业的人们聚集在海边，这里成了原本很少出现在同一空间的各色人种聚会的地方，来自高层海景大厦里的富有的夫妇就坐在来自贫民区的亲热情侣旁边，来自不同城镇的年轻人一起玩足球、排球，海滩上开阔的地方到处都是散步、慢跑、骑单车或滑轮滑的人们。夜幕降临，喜欢活动和聚会的巴西人都会到夜间娱乐消闲的场所去消磨时光，酒吧或饭馆是他们最喜欢去的地方，他们跳着桑巴舞唱道：“我想在酒吧自由地喝酒、和朋友聊天，那样的生活我很快乐。"

我们对巴西人的深刻印象是和善、友好、热情，但有点儿懒散，比如他们不太遵守时间，做什么事都喜欢说"明天吧"。巴西朋友自己也自嘲地说："知道吗？上帝给了巴西许多美好的东西，

巴西人把轻松、闲适，平和的生活态度与革新、进取的创业精神结合得十分巧妙，他们快乐、幽默，同时永远充满了活力。

热歌劲舞桑巴情

桑巴已经渗透到了巴西人的血液

为了平衡一下，也给了巴西人一样坏东西——懒惰。"不过，和他们相处久了，比较浮浅的最初印象就会不断被修正，看法也日趋全面。不同地区的巴西人性格特征是会有所不同，但大量事实说明巴西人是个富于进取、敢于创新的民族，他们的这一特点不仅十分鲜明地表现在不断创造"经济奇迹"上，同样清浙地表现在创造超前的建筑艺术、革新农业技术、率先发展能源替代和推动信息工业等诸多方面。

提起桑巴以及桑巴在巴西人心中的地位，熟悉巴西的人都会说："桑巴已经渗透到了巴西人的血液中！""没有桑巴就没有巴西的狂欢节！"。诚然，狂欢节在巴西早已有之，但它能延续发展，达到今天的巅峰，确实与桑巴密不可分。如今，桑巴成了巴西的代名词，一个充满激情与活力的民族的符号。

19世纪末，巴西奴隶贸易的逐渐取消和奴隶制度最后被废除，使巴西黑人获得了解放，他们兴高采烈地将带有

浓郁非洲风格的舞蹈和非洲传统的打击乐器带进了巴西狂欢节，又融入了葡萄牙人和印第安人的音乐舞蹈风格，狂热豪放的桑巴舞就此问世，并很快变成了狂欢节上的主导音乐舞蹈。桑巴舞蹈激烈、热情、欢快、活泼，舞者全身摇曳生姿，令人想起树叶在风中剧烈地抖动。桑巴歌曲则充满抒情，又不乏戏谑与诙谐。音乐家们每年都要创作新的狂欢节桑巴进行曲，或歌唱新生活，或针砭时弊，或嘲讽贪吏，嬉笑怒骂，妙趣横生。"桑巴"(samba)源自一个非洲词semba，意即"肚皮舞"，最初是非洲的一种摇摆舞，它进入巴西后，有记录可查的是1875年第一次出现在巴伊亚的节日庆典上。巴西现有的桑巴舞形式多样，舞厅的、狂欢节上的以及巴郭德的（较慢的圣保罗样式），均为其中的几种。狂欢节上跳的桑巴舞在各个城市也不尽相同。大部分人都会在打击乐器的激情敲击下，脚踩乐点一重一轻，自然地屈膝弹动，构成全身松弛、节奏强烈的意境。

早在1928年，里约热内卢就出现了被称为"桑巴学校"的表演团体，从那时起到现在，桑巴学校一直是狂欢节桑巴舞大赛的主角。如今，此类学校遍布全国各地，而其中的佼佼者多集中在里约热内卢，仅此一城就有50所之多，大些的桑巴学校参加者达4000余人。里约热内卢市中心还修建了桑巴舞比赛专用的露天剧场（也是狂欢节游行的主看台），巨大的剧场长600米，两边有阶梯式的看台和包厢，设有6万个座位，能容纳7.5万名观众。这些学校分为一类和二类，每年狂欢节时进行比赛和参加表演，夺冠者可得到百万美元的奖金。为组织一年一度的狂欢节活动，每个学校都要提前半年为下一年的狂欢节作准备，从设定

狂欢节上的桑巴舞者

狂欢节上的桑巴舞者

主题、挑选舞蹈人员到舞蹈编排，都达到了非常专业化水平，整个过程严格保密，以期出奇制胜，一举夺冠。

“桑巴”对巴西人的意义，如同“探戈”对阿根廷人一样。在这两个国家我们都曾生活过相当长时间，他们对各自民族舞蹈的迷恋和执著给我们留下了极深的印象，时间一长，我们由最初的困惑变成了理解、喜爱与欣赏。这两种舞蹈最初都来自社会的最底层，来自流落异乡的苦工，来自被贩卖到美洲的黑人，他们通过这些舞蹈和歌曲宣泄生活的艰难、苦闷和忧郁。正如巴西人在歌中唱的：“自从有了桑巴，我用歌声驱赶忧伤。”桑巴、探戈分别成了两国民众生活中不可或缺的部分，广泛的群众性和不断完美的艺术性又令这些歌舞在社会上得以广泛流行。在巴西，桑巴比赛和表演是狂欢节的中心内容，桑巴的热歌劲舞让狂欢节异彩纷呈，高潮迭起，桑巴给巴西人带来无比快乐，也推动着巴西文化艺术不断创新。

世界上最盛大的狂欢节

世界上许多国家都有狂欢节，顾名思义，是平民百姓可以无所顾忌地尽情欢乐的节日，但其狂欢方式之新颖、规模之浩大、场面之豪华，没有哪个国家能与巴西媲美。每年2月斋戒节临近时（大约在中国春节前后），巴西人谈论的、心里想的、忙碌的都是狂欢节。为了在狂欢节桑巴比赛中夺魁，各地的桑巴舞学校提前半年多就开始秘密筹划。为了玩得痛快，人人想方设法挣钱或者预支工资以备狂欢节期间花销，不惜把钱都消费在几天的狂欢作乐上，其他事么，节后再说，就像巴西人常说的，“过了狂欢节，这一年才算真正开始。”狂欢节的四天四夜（从星期六到星期二）犹如一场席卷全国的暴风雨，人人都被卷了进去，全国为之沸腾，人们的喜怒哀乐得到了最充分的宣泄，各种社会传统被打破，乃至被颠倒。为了观看狂欢节，几十万来自世界各地的游客云集巴西，“狂欢节之城”里约热内卢更是人满为患。为了报道狂欢节，一般的政治新闻都被挤到了报纸杂志最不起眼的一角。

“狂欢节”的拉丁文为Carnaval，意译应为“谢肉节”，华人则音译为“嘉年华”。它源于欧洲，17世纪由葡萄牙人传入巴西。巴西的狂欢节融合欧洲的典雅、非洲的狂热和印第安人的传统于一体。19世纪初，意大利人又把假面舞会引进里约热内卢，这种由上流社会的狂欢节社团组织的假面舞会，很快成了巴西狂欢节的主要节目，街头狂欢也增加了彩车游行和乐队表演。19世纪末，奴隶制在巴西被废除，大批获得解放的黑奴加入了狂欢行列，他们把非洲的传统乐器、带有非洲风格的狂热舞蹈，特别是桑巴舞引进了狂欢节，加上原住民音乐、舞蹈的影响，使如今的巴西狂欢节极具特色，比世界上任何其他地方的狂欢节都更欢快多彩，更富有多文化的特征，也更具魅力。

我们到巴西后第一次欣逢狂欢节，兴致勃勃地想去看狂欢节彩车巡游，对此已有经验的朋友立即告诫说，人山人海的狂欢现场进得去出不来，是要准备挨饿和熬通宵的。可是生活在巴西，要是连这举世闻名的狂欢节都未能亲眼一见，岂非天大遗憾！最终我们还是下定决心，坚持到现场去与巴西人“同乐”了一回。

正式的狂欢节游行由一位戴着鬼脸面具的“国王”宣布开始，游行队伍在打扮得花枝招展的“王后”、“公主”们的引领下行进，紧

大城市的狂欢节闻名遐迩，各地狂欢节也有各自的特色，玩得同样开心

人人踏歌起舞如痴如醉

随其后的是不同的桑巴舞学校组成的一个个方阵，每个方阵展现一个主题，有自己的桑巴主题歌词和凸现主题的彩车队伍，彩车上站着光艳四射、近乎全身赤裸的妙龄女郎，然后就是簇拥着她们前行的化装人群，且歌且舞。雨点般急促的皮鼓咚咚声和金属器敲击声震耳欲聋，领唱人与合唱者的歌声此起彼伏，极尽奢华的服饰组成了流动的色彩斑斓的长河，让人目不暇接。各方阵展现着一个个充满奇思妙想的主题故事，有美丽的童话，有科幻场景，有魔鬼神仙……令你浮想联翩。一路热歌劲舞，高潮迭起。路边的以及看台上的观众同样如痴如醉，踏歌起舞。此时，你会感到整个城市都沉醉在狂欢之中。

巴西的狂欢节，数里约热内卢的规模最大，圣保罗等一些大城市也都有桑巴学校和盛大的游行表演。萨尔瓦多市的狂欢节以电子乐器三重奏的表演为特点，卡车拉着流动的舞台沿街巡游，后面跟着狂欢的人群，其中被称之为“非洲集团”的黑人狂欢队伍以其五彩缤纷的服装和快速的打击乐器表演而格外引人注目。伯南布哥州的狂欢节被认为是巴西最具民间文化特色，几乎囊括了当地各种传统节庆活动的元素。奥林达市的特点是在狂欢游行中展示各种纸糊的巨型人面玩偶，一般都是表现大众明星和民间英雄人物。这些地方的狂欢节虽比不上里约那么盛大，但同样吸引着众多国内外游客，人们同样玩得十分开心。狂欢节，让巴西人忘记了生活中一切烦恼和艰辛，可以逃进自己想象的美好世界，穷人打扮成富人和名人，女仆变成女王，狂欢节期间一切阶级差别不复存在，就像一首名叫《幸福》的歌中唱的：

“穷人的幸福就是狂欢节的幻想，人们工作一年就为了这梦幻般的一刻，打扮成国王、海盗或者园丁，而这一切都结束在圣灰节星期三。”

Tips

桑巴

桑巴舞平时在室内舞台上表演。而每到节假日，桑巴舞就激情难禁地流向街头和海滩。特别是在巴西一年一度的狂欢节期间，从里约热内卢到圣保罗，从萨尔瓦多到维多利亚，整个巴西沿海地带成为一片欢乐的海洋。在各种各样的化装舞当中，最引人注目的是桑巴舞的表演和比赛。

巴西狂欢节每年2月中、下旬举行，桑巴舞是狂欢节上的主旋律。最著名的要数里约热内卢狂欢节，在为期三天的狂欢活动中，在这个有“桑巴之都”称誉的城市，每天均有十几万人上街欢舞。

为自己热爱的球队加油

在巴西人人都是足球迷

感受“足球王国”

巴西是世界上唯一一个五次赢得世界杯冠军、而且有资格参加所有世界杯比赛的国家，向有“足球王国”之称，这已为世人所共知，对我们来说，形成真实的感受却是在我们到了巴西、和巴西人生活在一起之后。

来到巴西，你得到的第一印象便是：世界上没有比巴西人更爱足球的了。提及足球，巴西人个个都会眉飞色舞，神情振奋，接着便会问你是支持哪个球队的，如果与你谈话时有好几个人在场，那么他们就会争相向你介绍各自支持的球队是如何的优秀，并为此争得面红耳赤。在巴西不分男女老少人人都是足球迷，同一家庭可以因为追捧不同的球队分成几派，互不相让。于是，你就明白为什么巴西会有20多万个登记在册的足球队，会有100多万足球俱乐部会员。同巴西人交谈，你要是对足球一窍不通，说不出几个知名的足球队和球星的名字，你会常常陷入尴尬，巴西人会觉得你简直像外星人。

时间稍长，你又必然为巴西足球运动之普及程度留下又一深刻印象。全国各地到处都有足球场，多得不计其数，里约热内卢有世界上最大的马拉卡纳足球场，可容纳20万人，圣保罗等大城市中，都有可容10多万人的足球场，除了固定的足球场，海滩、路边任何一块够几个人活动的空地，都能看到有人踢球的身影，有时你甚至会看到到孩子们把街道也变成了球场，致使车辆也不得不为他们让路。足球传入巴西是在19世纪末，如今已成为巴西人生活中不可或缺的部分，形成了一种独特的足球文化，用“喜欢”、“爱好”来形容已远远不够，而是达到痴迷与狂热的程度。也正是在这片热土上，培育了独特的巴西球风，脚法细腻、配合默契，能攻善守，才有了令人赏心悦目的“足坛桑巴”，才出现了贝利、加林查、济科、苏格拉底、罗纳尔多……那些在不同时期在绿茵场上独领风骚的一大批世界足球明星，你也进一步体会到了“足球王国”绝非浪得虚名。

巴西人对足球感情之深，也是我们多年身历其境后感受到的。他们对球赛的热情无与伦比。只要有自己喜欢的球队参赛，必定前往助阵，哪怕经济并不富裕，宁可节衣缩食，球赛却不能不看。要是遇到国际大赛，更是盛况空前，从城市到乡村，从总统到平民，都围在电视机旁观战，商店歇业，机关停止办公，平日里喧闹嘈杂的城市变得十分安静，更像是暴风雨前的那种宁静，突然间会爆发一声“goooool!”的激动、嘶哑、拖得很长的高喊，接着爆发出一片欢呼声，声势如排山倒海，那是整个城市都在呐喊，喊得地动山摇。时不时，也会夹杂着一声声“哎呀——!”的惊呼，几百万人齐声发出的惊呼，听起来同样惊心动魄。一场球赛的输赢能决定全国人民的情绪，或欣喜若狂，或垂头丧气，赢了球他们彻夜不眠，欢庆游行，燃放烟火。一次，我们有事外出，正迎面碰上了狂欢庆祝的人群，汽车被困进退不得，挂有外交牌照的“奔驰”车照样被宣泄欢乐的人群用白粉涂鸦得面目全非。巴西球队也并非总是吉星高照，1950年在里约举行的世锦赛中巴西队对阵巴拉圭队，原以为胜券在握的巴西球迷事先已准备好了大量庆祝胜利的物品和烟花，想不到巴西队竟折戟沙场，令巴西举国黯然神伤，球迷们哭着将成车的烟花爆竹倒进了大海。当然，他们也有过很理性的表现，一次，巴西队在国际比赛中输了球，总统照例写信热情鼓励，伤心的巴西球迷们也克制悲痛，带着鲜花前往机场迎接自己心爱的球队归来，表现出“足球王国”面对输赢的豁达。

巴西人自己说，巴西什么都可以没有，就是不能没有足球；他们还说，在巴

世界足球明星就是这样成长起来的

西，不会踢足球的人别想竞选总统。这些话并非夸张，因为足球确实是深埋在全体巴西人心底的难解情结。

球王贝利

如果说在“足球王国”巴西，3岁以上的男子无人不踢足球的话，可以肯定，巴西众多黑人聚居的家园。球王贝利于1940年10月23日出生在该州圣多斯市的一个小镇上。他原名埃德森·阿兰特斯·多纳西门托（Edson Arantes do Nascimento），“贝利”（Pelè）是家乡人为他取的别名，希伯莱语是“奇迹”的意思。由于家境贫寒，他帮人擦过皮鞋，干过杂工。其父为职业足球运动员，贝利

马拉卡纳运动场

3岁以上的巴西男女，无人不知道球王贝利。贝利是奠定巴西“足球王国”地位的有功之臣，对推动巴西和世界足球运动的发展做出了巨大贡献，也为巴西黑人赢得了荣誉和地位。从绿茵场上的民族英雄，到商场上的成功人士，到步入巴西政坛的第一位黑人，贝利是个带有多道光环的传奇式人物。

米纳斯吉拉斯州富饶而秀丽，是

在父亲影响下从小酷爱踢球。买不起足球，更买不起球鞋，小贝利把破布塞进一只大袜子里当球，光着双脚，汗流浃背地和小伙伴们追逐赛“球”。贝利从小把一些著名的球星当成崇拜的偶像，期待着有朝一日也能驰骋在绿茵场上，那里是他实现光荣与梦想的神圣舞台。

贝利从3岁开始学踢球，12岁加入圣保罗包鲁运动俱乐部少年队，15岁进

入有名的巴西桑托斯队，并很快成为该队的主力，在巴西足坛崭露头角，不满17岁即被破格入选巴西国家队，他的高超球技更令观众如醉如狂。贝利极善盘带和凌空射门，有次，他一连绕过9名防守队员将球送进对方大门，被称之为“有史以来最精彩的入球”，为此，巴西人特别在马拉卡纳体育场门口为他这个“最精彩的入球”建了一座纪念碑。贝利作为一代球王，把足球运动推到了艺术的境界。在他20年足球生涯中，前后参加过与88个国家的正式比赛，射进过1283个球，创下了足球史上最辉煌的个人纪录，帮助巴西队3次捧回世锦赛的奖杯，一次又一次地在其他国际比赛中夺得冠军。他为巴西足球运动的发展立下的汗马功劳使他成了无可争议的民族英雄，世界公认的历史上最伟大的足球运动员。贝利的成功得益于足球王国的优良环境、他的勤奋与天赋以及他在球技上的精益求精。我们在巴西时，贝利已离开巴西足坛赴美国发展，无缘得见，但一直记得他多年前说过的一句话，有一次

球王贝利与足坛名将罗纳尔多

Tips

足球

绿茵上的王者

巴西是足球的国度，这个地球人都知道。球王贝利、巨星济科、外星人罗纳尔多都来自这里，空前的五次世界杯冠军让其他所有的国家为之汗颜。

你可以在巴西的每个角落找到足球的痕迹，在巴西没有人不踢足球，只要会行走的人都终日与足球为伴。当然，每个街角的足球水平并不低，如果你有兴趣也可以加入其中。在海滩上，沙滩足球永远都是主角。光着脚，在火辣辣的太阳下，热腾腾的沙砾上奔跑、追逐本身就是一种挑战、一种乐趣。多少巨星就是在这样的环境下成长起来的。

你还可以去观看当地的足球比赛，著名的马拉卡纳体育场可以容纳20万名观众，在那里观看比赛的气氛使你很难想象。巴西的比赛繁多，常常不失精彩，但是还有有几支强队可以格外关注，如圣保罗队、达加玛队、克林西安队、弗拉门戈队等。

记者问："你踢进过那么多好球，你自己认为哪一个最精彩？"贝利答道："下一个！"贝利这种不断进取的精神使我们深受启发，得益匪浅。

1971年7月18日里约热内卢的马拉卡纳体育场里正在进行巴西队与南斯拉夫球队之间的比赛，那是贝利为巴西国家队效力参加的最后一次比赛，随着他一记漂亮的进球，全场响起了一片欢呼声和掌声，热烈祝贺贝利自披甲以来踢进的第1000个球。3年后，贝利在最后一次比赛中正式向热爱他的球迷和观众告别，含泪离开了心爱的球场。但他的功绩永远留在巴西人的心中，他永远是巴西人热爱的球王。上世纪80年代初，圣保罗市建立了贝利博物馆，展品中包括他穿过的"10号"球衣、被他踢进的第1000个足球、他所获得的各种奖杯和奖品等。

Tips

累西腓

风俗：将一头彩牛吊过河是累西腓市迎接新年的独特风俗。每当新年的礼花在天空中绽放，这头彩牛便会飘过河，为累西腓的新年助兴。

气候：累西腓位于南纬8度，四季如夏。

物价：累西腓的物价相对欧洲和北美要便宜得多，但比中国的大城市略贵一些。

支柱产业：巴西的蔗糖产量仍然是世界第一，而制糖业和航运业一直是累西腓乃至伯南布哥州的支柱产业。

退役后，贝利开始了周游列国的友谊与公益活动。他访问过90多个国家与地区，先后受到过10位国王、5位皇帝、70多位总统和40多位国家元首的接见。担任过联合国教科文组织友好大使，世界卫生组织消除麻风病友好使者。在美国帮助推动足球运动时，凭借自己的智慧和"名人"效应创建了许多以自己名字命名的公司，成为商业成功人士。贝利爱好广泛，出演过十几部电影。1995年，贝利步入政坛，就任体育部长，成为巴西第一位黑人部长。

当然，最终让贝利彪炳青史的还是他在足坛建立的不朽功勋，1987年国际足联授予他金质勋章，表彰他"20年来，以他卓越的球技和光辉的榜样推动了整个世界足球运动的发展"。他是世界足坛历史上公认的第一人。

巴西的"国术"——卡波埃拉

在里约热内卢、在累西腓，尤其在萨尔瓦多等黑人聚居的城市的街头巷尾， 你常能见到这样的现象：一群人围成一圈，兴高采烈地在观看三五个黑人或穆拉托混血青年在表演一种既像舞蹈、又似武术的把式，这就是巴西特有的卡波埃拉（capoeira）武士舞。我们有一次在圣保罗市中心的共和国广场上碰巧也看到了这种有趣的街头演出。

卡波埃拉是将舞蹈和格斗术巧妙地融合在一起的独特的武术运动，普遍

有巴西“国术”之称的卡波埃拉运动

表现为一种程式化的对舞式体操。玩卡波埃拉的人通常是两人一组，伴随着铃鼓和“贝林钵”(berimban)的音乐节奏，用太极拳般柔和和流畅的动作，加上迅雷不及掩耳的腿功，进行各种介于艺术与武术之间的舞蹈表演，时而侧空翻，时而回旋踢，时而倒竖，时而单腿独立，技巧要求很高，极富观赏性。卡波埃拉必不可少的伴奏乐器叫“贝林钵”，是一条弓形的木片和一根绑在木弓两端的钢丝作“弓弦”，下面联结着一个涂了色彩的葫芦作为音箱，演奏者摇动木弓，葫芦里的籽会发出格格的响声，同时用一个铜币拨动绑紧的钢丝，发出的声音变作了一种非常独特的呜咽声。

卡波埃拉是16世纪由黑奴从安哥拉传入的，首先流行于巴伊亚州一带。这种武术的原型是不准佩带武器的奴隶阶级赤手空拳抵抗袭击的防身术，因被奴隶主视为有极浓厚的战斗用途，而遭到法律禁止，奴隶们不服，便发明了这种独特的舞蹈，以掩盖其战斗性。日久天长，它就演变成一种高度规则化的体育运动，不许用手，只许用腿、脚和头撞击对方。“争斗”双方像车轮那样迅速转动，并用双手倒立旋转。卡波埃拉舞虽已存在数百年，但一直到了1930年代以后才正式被允许在民间授习流传。由于这种舞蹈起源于非洲却又相当程度融入了巴西本土原住民的文化特性，因此被认为是巴西最重要的本土文化象征，也被人称为巴西“国术”。在萨尔瓦多市设有卡波埃拉学校，专门传授这种武术技艺。

外国游客除了常能在街头看到卡波埃拉爱好者的即兴表演外，也可在萨尔瓦多市买票在一些体育场里观赏专业高手们的精彩演出。

奥运会 2016：巴西的光荣与梦想

2009年10月2日，在哥本哈根举行的国际奥委会会场上弥漫着极度紧张的寂静，2016年奥运会主办权的表决正在进行。4个竞办城市国的最高领导人均亲临现场助选，美国总统奥巴马及夫人米歇尔的感人陈述没有能打动国际奥委会的成员，第一轮投票中芝加哥即被淘汰。日本首相鸠山由纪夫在陈述中保证为奥运会提供大力支持与周到的

里约群众欢庆申奥成功

冲浪是巴西人另一爱好

服务，然而，日本政府拨款40亿美元的承诺同样未能让天平向自己倾斜，东京在第二轮投票中遭遇出局。第三轮马德里与巴西之间的最后对决开场，西班牙方面有国王胡安·卡洛斯一世和首相萨帕特罗亲临现场为马德里争取选票，国际奥委会终身主席萨马兰奇也为本国发出了感人至深的呼吁。巴西方面，总统卢拉的讲话充满了激情与亲和力，他说以往在授予奥运会主办权时的地缘“不平衡”做法应当纠正，该轮到里约热内卢了，南美洲的青年配得上一届奥运会，“我们申请奥运会主办权不只是为自己，也是为了整个南美洲，这里有4亿人

口，有1.8亿青年”。他的这番话似乎不能不引发与会者们的认真思考。

表决结束，国际奥委会主席罗格终于郑重宣布：“2016年奥运会主办城市为里约热内卢！”此时，神情紧张的巴西申办团爆发出了一片欢呼，相互拥抱祝贺。卢拉总统哭了，球王贝利哭了，全团的人几乎都哭了，2005年他们输给伦敦之后曾伤心落泪，这次却是喜极而泣，是幸福的、激动的泪。卢拉总统一面拭泪，一面向世界媒体说：“巴西最终赢得了国际公民资格，我们不再是世界二等公民。”喜讯传到巴西，里约热内卢沸腾了，整个巴西沸腾了！里约的海滩上挤满了载歌载舞欢庆的人群，彻夜无眠。

巴西是一个全民热爱运动的国家，最喜爱的是足球，巴西足球队是全世界最著名的球队，曾五次捧回世界杯。有被公认为世界历史上最好的足球运动员贝利，以及一大批国际知名球员。其他运动项目上也有相当出色的表现，排球同样受到巴西男女喜爱，1991年巴西女排获世界杯冠军，2004年雅典奥运会上男排夺得金牌。沙滩排球无论男队还是女队，均为世界劲旅，频频夺冠。巴西的篮球亦属世界强队，1994年，巴西女篮夺得了世界锦标赛冠军。网球相当普及，曾有过上乘表现。在世界方程式汽车赛中更是新秀辈出，有三度获世界冠军的内尔森·皮盖，在场地赛车中三次折桂的艾尔顿·塞内，以及当代最出色的一级方程式赛车手鲁本斯·巴利切罗。此外，巴西人在划船、帆船、柔道和游泳中也表现不俗，多次获得奖牌。我们在巴西得到的最深刻的印象是，巴西的体育运动有着十分广泛的群众性，无论你走到哪里，到处都有人在踢球，海滩上总挤满了玩沙滩排球的年轻人，波涛中闪动着冲浪健儿的身影，街头巷尾还经常看到表演民间武术卡波埃拉的穆拉托们。最近巴西还举办了土著民运动会，射箭更是印第安人的传统技能。

主办奥运会是巴西人的光荣与梦想，里约热内卢将成为第一个主办奥运会的南美洲城市。巴西的体育事业又站在了一个新的起点上，卢拉总统表示要制定新的体育发展战略，“希望巴西能在10年内成为奥林匹克强国，巴西有这个条件。”作为巴西人民的好朋友，我们有充分理由相信，富有进取精神的巴西人民，无论在发展体育事业上，还是在不断提升综合国力上，都将成功实现其强国之梦。

脍炙人口的巴西烤肉

穿过北京街头，你或许早已从霓虹灯闪烁中看到过“巴西烤肉”餐厅的招牌，或许早就进去品尝过不只一次了。北京的洋烤肉店除了巴西，还有阿根廷烤肉，这两种烤肉可说是同出一脉，各有千秋，都是中国人爱吃的那种西餐。其实，你到世界上其他一些大城市游览，同样能看到这些餐厅的身影，巴西烤牛

飞向里约热内卢

质优价廉的巴西牛肉

肉(chorasco)脍炙人口，不仅是巴西的特色美味，早已成为国际佳肴，正如人们常说的，得到世界普遍认可和欢迎的东西常常是一个民族的精华，鲜嫩的巴西牛肉加上传统的“高乔人”的高超烧烤技艺，其味之鲜美着实无与伦比。

巴西人是出了名的会玩，也很会吃。在巴西，你无论走进哪家烤肉店，那里的气氛、服务及品尝的过程都让你感到是一种极愉悦的享受。一般烤肉店都设有自助餐台，摆放着各式时令菜蔬、沙拉等，供顾客自取。待你坐定，便会有十来个穿灯笼袖白衬衣、红领结、黑裤长统靴的小伙子过来为你服务，他们这一身“高乔“牛仔打扮首先带给了你一股草原气息。小伙子们个个左手拿着叉有一大块牛肉的铁钎，右手持一把长长的尖刀来到你身边，轻声告诉你这是牛身上哪一部位的肉，问你要不要，你要是点头，他会立即将那根叉着肉的铁钎竖在你面前的餐盘里，轻轻地从肉块上削下几片放在盘内，几分钟后，又有另外几名同样打扮的侍者为你送上其他部位的牛肉。先是烤香肠、烤鸡心、烤小排骨、烤火腿等，有经验的顾客对这些东西都只是“小尝”即止，保存实力等后面的主菜登场，果然，接下来是色泽焦黄、香气扑鼻的软肋、前臀尖、后臀尖、里脊等，最受欢迎的是里脊(filet mignon)和后臀尖(picanha)，内行的吃客一定要点吃瘤牛的肉峰(lomo)。十来道各个部位的烤牛肉，只要你有胃口，“车轮大战”

Tips

饮食特色

在饮食方面，巴西因为是欧、亚、非移民荟萃之地，饮食习惯深受移民国影响，所以各地习惯不一，极具地方特方。巴西南部土地肥沃，牧场很多，烤肉就成为当地最常用的大菜。东北地区人们主食是木薯粉和黑豆，其他地区的主食是面、大米和豆类等。蔬菜的消费量，以东南部和南部地区居多。巴西有名的菜肴有：豆子炖肉是全民大菜，它是用豆子烹煮而成的菜。烤肉为一品国菜，在巴西的每个地方，烤肉是具有巴西的风味菜。坑炖羊肉可称得上是异军突起，其特有的烹制方式和乡村风味风靡全国。

说到饮食，自然少不了喝。巴西人的社交活动里离不开酒，天气热时，点一杯冰凉的啤酒解暑。巴西素称“咖啡王国”，是世界上最大的咖啡消费国之一，喝咖啡也就成了人们的习惯。还有一些人爱喝马黛茶，不含酒精的饮料当数新鲜水果汁。

注意，巴西晚餐时间早则从晚八九点开始，晚则于午夜12点开始。饮水不安全。只可喝烧开过的水，或瓶装饮料。

厨房里一串串烤肉正滋滋作响

会不断延续下去，直到你只有摇头的份儿为止。

说起吃巴西烤肉，一位巴西朋友认真地说，这哪是简单的“吃”，它代表一种文化！作为对牛肉文化的诠释，我们有过一次很独特的经历。朋友邀请我们去见圣保罗的“牛肉大王”，此人名叫帕西，是巴西牛肉协会的主席，年轻时曾在屠宰场工作，一流的烤肉美食家，他在圣市开了十几家“帕西烤肉连锁店”，又在市中心办了个私人烤肉俱乐部，我们就在那里见面。一间装饰考究的厅内，墙上挂满了曾来这里品尝过烤肉的总统、部长、将军和社会名流们的照片，厅正中摆一张半环形餐桌，一张切肉的小圆台，面对着一间三面玻璃墙的烤肉房。谈到烤肉，帕西先生如数家珍，他满怀激情地向我们描述巴西南部的牛仔“高乔”们如何在辽阔的草原上过着自由自在的放牧生活，饿了，牛仔们聚在一起，拉过一头小牛宰了烤着吃，其味无穷，其乐也无穷。他说圣保罗市每天吃牛肉570吨，相当于吃掉2385头牛，帕西有自己品种优良的肉牛饲养场，每天向这个城市的一些主要烤肉店供应牛肉。他这个小俱乐部不对外营业，只供少数人品尝。我们如有所悟，难怪这地方不像餐馆，倒是像间讲课与实习兼用的实验室。帕西先生强调，到这里来可不是一般的“吃”，而是“品尝”，烤牛肉的学问大着呢！他系上围裙，带着一名助手走进了玻璃烤肉房，我们则透过玻璃看着他在里面忙碌，他一面烤肉，一面还不时走出来向我们介绍，说明每种肉的部位和特点，诸如这是生牛肉片，这是里脊，这是后臀尖，这是……他强调，不同牛的不同部位，其肉味不同，切肉的刀工也不同，有的要横切，有的要竖切，有的切片，有的切块。他还要求我们每吃一样肉之前，一定要饮些白水，说只有完全清除了上一道菜留下的余味，才能更好地品尝出下一道牛肉的滋味。当鲜嫩可口的烤肉令我们赞不绝口时，帕西说，他烤肉从不放佐料，而是充分调动牛肉本身的原汁原味。帕西不仅让我们吃到了“巴西最好吃的牛肉”，还生动地向我们介绍了有趣的牛肉文化，让我们知道了巴西烤肉如何从野外步入家庭，由自助餐变成了正餐、把连锁店开到了世界各国。如今，所有的巴西人，无论是家庭假日聚会，还是款待亲朋好友，甚至国宴庆典都无不飨以烤肉，在巴西呆久了，连我们这些不太习惯吃西餐的中国人也都成了巴西烤肉的“老饕”。

不可不尝的巴西“国菜”——腓秀雅杂

巴西是南美洲饮食文化最丰富多彩的国家之一，巴西食品之所以花样繁多风味独特，是因为它荟萃了葡萄牙人、非洲人及印第安人食品的精华。若问巴西哪个菜最有代表性，你未曾去过巴西也会回答：巴西烤肉呗。不错，烤肉是巴西人最喜爱的风味佳肴，巴西烤肉店不仅本国随处可见，世界各地都能找到，这些年，我们中国人也愈来愈频繁地光顾巴西烤肉店了。不过，你如果亲自到了巴西，问问当地人，什么菜最有巴西特色，值得一尝，他们会异口同声回答说：腓秀雅杂（Feijoada）。

腓秀雅杂是什么？这个名词来自葡萄牙文一种叫“腓让”（feijao）的黑豆。巴西人把当地特产的黑豆以及除大豆以外的豆类统统称之为“腓让”，他们把黑豆和大米一块儿蒸成豆饭，当作家常便饭，也常把牛肉、鸡肉或猪肉和黑豆混在一起烧制成菜，称作“腓秀雅杂”。在巴西菜馆中最具特色的一道菜便是“全套腓秀雅杂”（Feijoada Completa）。此菜的用料是牛肉干、熏香肠、咸猪肉、猪耳朵、猪手、猪尾巴、猪舌和黑豆，再加上盐、香料、香草和甘蓝菜，装在陶罐里用文火焖煮两三小时，等熟后再撒上木薯粉、橙子片，传统的吃法是与大米饭拌食。这道菜一出锅，香气扑鼻，鲜美无比，深受大众欢迎，故而被视为巴西的“国菜”。

要问这“腓秀雅杂”的由来，相传最早出现于16世纪30年代，至今已有300

全套腓秀雅杂，吃完再添

打扮成当年女奴模样的侍者为客人提供周到服务

多年历史，它起源于一种奴隶们吃的很卑微的饭菜。奴隶们把主人丢弃不吃的猪爪、猪耳、猪下水拿来加点盐和黑豆、大米一起烩煮，当作果腹的美食。有一次，黑豆杂烩煮熟后一开锅香味四溢，主人闻到后好奇地尝了一口，觉得味道极佳，从此他们自己也爱上这道菜了，后来又被推广到了社会上，逐渐成了全民皆爱的第一佳肴。

如今的腓秀雅杂的地位早已今非昔比，非但不再卑微，而且堂而皇之地成了巴西人飨客的名菜。在里约、圣保罗等大城市里，一些著名的大饭店只在星期六中午才供应这道菜，顾客必须提前预订，方得一饱口福。近年，里约等地都有腓秀雅杂专卖餐馆了。我们使领馆接待国内访客，也常请他们品尝腓秀雅杂。走进餐厅，你会看到白色餐桌上放着一排七八个热气腾腾的大黑陶罐，下方标明不同猪杂碎名称的杂烩，旁边站着一位身穿当年奴隶侍女服装的黑人妇女殷勤地为你服务。食客一般都要先吃一些烤饺子之类的小点心，喝上一小杯"卡夏萨"甘蔗酒，然后选食陶罐中的各式杂烩，自取自添，直至酒足饭饱。记得有一回我们邀请一个香港著名企业家代表团品尝腓秀雅杂，团里有位女士是当年的"香港小姐"，我们怕她吃不惯，请她另外点菜。她却坚持要品尝这道巴西国菜，吃过之后，赞不绝口，还要再添，足见这腓秀雅杂的美味确实名不虚传。

巴西民间广为流传的一首题为《我偏爱的腓秀雅杂》的诗中写道：

"吃了如此味美的腓秀雅杂，
一个人还能要求什么别的享受？
——显然，只需有一张吊床，
和一只让你抚摸的猫咪……"

所以，你在享用了这顿美餐之后，最好美美地睡个午觉，这才是神仙般的日子。

巴西人的一日三餐

巴西现任总统卢拉在2003年1月1日发表的就职演说中有句给人留下深刻印象的话，他说："如果在我任期结束的时候，所有的巴西人都能享用一日三餐，那么我就完成了我一生的任务。"从这句话可以看出，各个发展中国家的领导人都把能让本国人民每天吃饱肚皮视为治国的首要任务。具体拿巴西来说，尽管这个国家自然条件得天独厚，物产丰富，但要让近2亿的老百姓天天都能吃上饱饭，也不很容易，竟然需要国家元首为之奋斗终生。本文不去分析卢拉总统这句话的政治和社会含义，而是要告诉中国的旅游者朋友，巴西人一日三餐吃些什么。

巴西人跟我们一样，每天早、中、晚三餐，但三顿饭的叫法不一样。巴西人管早餐叫“早晨咖啡”(cafe da manha)。对此，我们还听说过一个真实的笑话：我们有位葡萄牙文翻译初次到巴西，早上带领访问团成员走进下榻酒店的餐厅准备吃早饭，侍者客气地说：“欢迎诸位享用早晨咖啡。”翻译一听急了，忙说：“光喝咖啡哪行！还要面包、黄油、牛奶、煎鸡蛋。”侍者一脸茫然，连声答道：“都有，都有！”

一般说，巴西人早餐吃得简单而且很快，只喝一杯牛奶咖啡加几片薄脆饼干，有的人甚至不吃早点。一顿完整的早餐则包括小圆面包、奶酪、冷切肉、新鲜水果、果汁和牛奶咖啡。在街上到处都有提供早点的面包房和自助餐厅，它们通常为匆匆经过的上班族提供各式各样的甜糕(docinhos)或咸

Tips

饮食指南

巴西的烹饪是一个多民族的万花筒，受葡萄牙、非洲、意大利和土著巴西人共同影响，成为一个厨艺荟萃的国度。

巴西的菜肴受葡萄牙人和非洲后裔的影响，主食是米、黑豆和木薯粉，搭配牛、鸡或鱼肉，以巴西传统的地方菜肴为例，即以牛肉干、香肠、卤猪肉和黑豆加上一些香料调味，入锅烹饪熟了之后，撒上木薯粉，拌入包心菜食用；而国人熟知的巴西炭烤，也是当地人喜欢的食物之一，通常会配上豆类、米饭及蔬菜一起食用。

另外，巴西也是世界最大的咖啡生产国，出产的咖啡多属于大众口味的平价咖啡。巴西自己特色的佳酿叫做Cachaca，是一种度数很高的酒，是从甘蔗里提取的——一种古老的酿制方法，但是有它自有的特色味道。除了Cachaca，还有一种由很多不同的酒混制的饮品，也很好喝。极品则是很受欢迎的Caipirinha。

一顿丰盛的午餐，不是天天都能吃到的

糕(salgadinhos)、奶酪面包(pao de queijo)及咖啡。

巴西人的午餐(almoco)很丰盛，是一天中最重要的一顿饭。巴西人通常要花上个把钟头用午餐。主食有大米饭、烩豆子和木薯粉，配菜往往是沙拉、素菜、荤菜各一份。荤菜一般是牛肉或者鸡肉，周五是鱼肉。除了米饭和烩豆，有时还会吃意大利面食和炸木薯或炸香蕉。完整的午餐至少要有一份甜食，可以是水果、果料奶油、布丁或冰激淋。午饭后少不了还要喝一杯cafezinho，即一小杯加糖的浓黑咖啡。

午餐时间跟我们一样，是在中午12点到下午1点之间，这个时候低价位的餐馆挤满了前来吃午餐的饥肠辘辘的写字楼职员，那里除了提供固定菜单上的菜品外，还有一道每日的特色菜，足够顾客填饱肚子。手头稍为宽裕一点的人会选择一些高档的、有特色的饭店，或与人谈生意，或找同行打听新闻，或约熟人谈天说地。这里有丰富多样的自助餐，也可按照各自喜好点菜。我们也常利用中午时间约请朋友，或应邀与朋友共进午餐，边吃边谈，联络感情，称之为"工作午餐"。

晚餐巴西人就叫"吃饭"(jantar)，比午餐要简单、清淡多了，而且经常吃得很晚。晚餐可能是以前的剩菜、一个三明治、一碗汤或几盘清淡的小菜或小吃。晚餐桌上的主食通常是家里自制的木薯粉面饼(tapioca)、玉米粥(mingau)或甜玉米做的点心(canjica)。

这里主要说的是巴西人平时的一日三餐情况，至于他们时不时地要下馆子，吃上一顿美味的烤肉，那就另当别论了。

"咖啡王国"品咖啡

"来一杯咖啡西尼奥?" 在很多场合，巴西人都会这样问你，比如，你去访问朋友，好客的主人会这样问你；与人谈生意，商业伙伴会这样问你；甚至在商厦购物走累了时，售货员也会这样问你。"咖啡西尼奥"(cafezinho)是巴西人最爱喝的小杯浓黑咖啡，在巴西，请你喝杯咖啡西尼奥是习惯，也是待客的重要礼仪，犹如中国人的敬茶。

巴西是世界上最大的咖啡生产国，素有"咖啡王国"之称。据说，最早发现咖啡的本是埃塞俄比亚卡法地区的一

> **Tips**
>
> **咖啡**
>
> 巴西是世界最大的咖啡生产国。但巴西原本不产咖啡，咖啡原产于阿拉伯，18世纪时传入欧洲，广受欢迎。后来法国人特意将咖啡树苗，船运到法属圭亚那，最后才传入巴西，最后竟在巴西发扬光大。
>
> 千万别忘了巴西有名的咖啡，买几瓶回去送人定受欢迎。超市和面包店都有出售烘焙和磨细了的咖啡，真空包装的产品可以长保新鲜，或者也可在机场购买好拿的纸袋咖啡。

一望无际的咖啡种植园

位老牧羊人，由于他放牧的羊群吃过灌木丛中的一种红色浆果后表现特别兴奋和活跃，惊讶之余，他也吃了几颗，自己竟也手舞足蹈兴奋不已，咖啡从此得以问世。法国人将这种植物首先移植到了法属圭亚那，继而扩展到了其他地方。直到18世纪，极想获得咖啡种子的巴西才千方百计从圭亚那弄到了一些成熟的咖啡豆和五棵咖啡树苗，正是这些种子和幼苗的繁衍，成就了巴西“咖啡王国”梦想的实现。当时的欧洲，喝咖啡已经从贵族的一种特有的享受发展为平民百姓的时尚，市场需求量大增。巴西有好几个州的土壤和气候特别适合种植咖啡，故而咖啡种植迅速发展并向西南部扩大。据统计，1820–1840年期间，巴西咖啡产量增长206%，远高于世界其他地区咖啡产量的增长，又比如，1825–1850年间世界咖啡产量增长3倍，巴西却增长了5倍，一跃而成为世界第一咖啡生产国和出口国，咖啡种植也成为了巴西经济的新支柱。直到1960年，咖啡出口仍占其外汇收入的56.2%，其后巴西经历了经济大发展，1980年咖啡出口仍在出口总额中占有13.8%的可观比重。难怪巴西人将其称之为“绿色的金子”。

旅居巴西时，我们曾应邀到一家咖啡种植园去度周末。主人陪同我们走进满眼绿色的咖啡园，一眼望去，咖啡树横成排、竖成行，整齐划一，有点像中国的茶园，只是咖啡树要比茶树高大，可长至约3米，椭圆形的叶呈对生状，叶腋处结满了青色的果实，主人说，待到5–6月份，成熟的果就会变成红色，也就到了收获咖啡豆的的季节。接着又参观了咖啡的加工过程，咖啡加工要求高超的专门

主人告诉我们,成熟的咖啡豆很快就可以采摘了

技术。主人最后热情地邀请我们走进庄园的咖啡房,一位黑人妇女按传统方法用刚磨出来的热咖啡豆为我们一人煮制了一杯咖啡,但觉一股浓浓的香味扑鼻,细细品来,其味果然非一般速溶咖啡能比,饮过之后尚有满口余香,这是我们喝过的最美味可口的咖啡。

巴西人爱喝咖啡,也很会喝咖啡。咖啡加上热奶是全巴西传统的早餐饮品,巴西人把早餐称为"早晨咖啡"(cafe da manha)。他们上班之前要喝咖啡,开会时要喝,走在街上也常常要站在街边的咖啡屋前喝上一杯,总之,咖啡是大多数巴西人不可或缺的能量来源。小杯黑咖啡,颜色要深,味道浓烈,香醇可口,最好多加一点糖,正如巴西民谣唱的:"咖啡一定要像魔鬼一样黑,像地狱一样热,像天使一样纯,像爱情一样甜。"

到了巴西,切莫忘了品尝浓香可口的"咖啡西尼奥"!

果拉娜,巴西的"人参"

我们一到巴西,便不断听人提到"果拉娜"(guaraná),最早是在巴西友人的一次宴会上,侍者送上两杯姜黄色饮料,礼貌地问我们喝不喝"果拉娜"?我们好奇地端起来抿了一小口,觉得味道还不错,于是问身边的朋友此饮料的来历。"果拉娜?这是我们巴西的'人参'。"朋友选择了中国人最易理解的方式回答。"巴西的人参",就这样,我们牢牢地记住了"果拉娜"这个名字。后来我们又进一步了解到,原来果拉娜是生长在亚马孙丛林中的一种半藤状野生植物,高1–2米,叶椭圆,开黄色花朵,果实为鲜艳的红色,成熟后果皮开裂露出乌黑晶亮的果核。最初,果拉娜是生活在丛林中的印第安人外出劳作时发现的,他们采几个果拉娜的颗粒含在嘴

巴西的"人参"果拉娜

里，便感终日精力充沛，不觉疲劳和饥饿，而且还有去邪祛病之功效，深受土著人喜爱，他们深信这是上帝赐给亚马孙人的仙果。“果拉娜”饮料就是将它的果核加工成粉，再添加一定比例的果汁和糖制成的。

后来，我们到亚马孙地区访问，亲眼见识了这种传说中的“神树”，带回了瓶装的果拉娜粉，并购买了加工成一根根黑色棍状的固体果拉娜。我们还听到了当地盛传的许多关于果拉娜的故事与传说，有的说，果拉娜果实的生成，是一对印第安人夫妇听从神灵的指点，将被毒蛇咬死的心爱儿子的眼睛埋在了某处地下，后来，从那里长出的一棵树，开花结果，外壳破开后露出黑黝黝的圆果，酷似人的眼睛，那便是果拉娜；更富浪漫色彩的故事则说，某印第安部落一位勇士爱上了他不该爱的敌对部落一位美丽姑娘，并与她出逃，后被敌对部落抓回并要将他处死，姑娘冒死救出情人，逃亡途中，两人在一棵大树下双双殉情自尽，神灵被他们的忠贞爱情感动，施用魔法让姑娘的眼睛里长出一棵树，结出的果实像姑娘晶莹、美丽的眼珠，这就是能为人们医治百病的果拉娜。

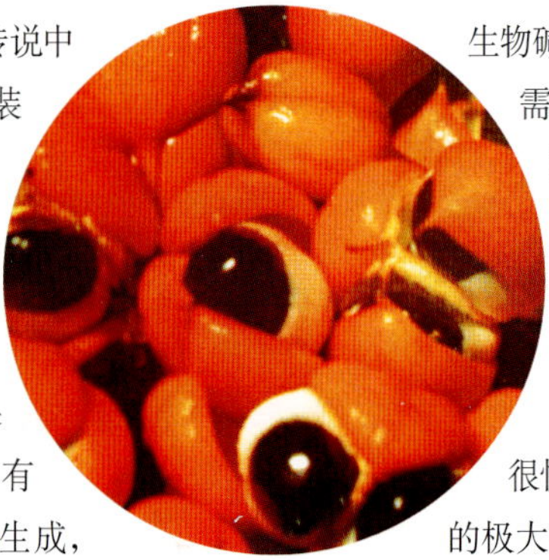

传说归传说，真实的故事是，20世纪50年代，一支巴西科学探险队深入亚马孙地区考察，喝过印第安人用果拉娜制成的饮料后，惊异地发现不但甘甜可口，更觉疲劳顿消，于是用随身所带物品从印第安人手中换得一小包果拉娜颗粒，带回化验分析后证实，这果拉娜的果仁中含有丰富的蛋白质，单宁酸，生物碱、咖啡因，以及人体所需的多种微量元素，不仅滋补提神，还有很高的药用价值，具有软化血管、促进血液流通的功效。

果拉娜的被发现很快引起了饮料业界人士的极大关注，他们把用果拉娜粉制成的保健饮料投放市场，受到消费者热烈欢迎。巴西媒体也盛赞果拉娜的发现是“印第安人对人类文明的一大贡献”。“果拉娜”饮料很快走俏，生产规模迅速发展，20年间，全国建立起了几十个“果拉娜”饮料生产基地，上千个批发网点，占领了30%的国内饮料市场，巴西从此结束了洋饮料一统天下的时代。近年来，欧、美、日本等国竞相从巴西进口纯天然果拉娜粉，制成营养品，十分畅销。巴西果拉娜粉年产上千吨，仍然供不应求。一些奔走于中国与巴西之间的商界朋友也跃跃欲试，想让“果拉娜”早日走进中国家庭，我们相信，这一天很快会来到，“巴西的人参”也一定会受到中国人的欢迎。

4

We all live on the same planet

中巴友谊天长地久

中巴交往说从头

巴西是个年轻的国家，但与中国的交往早在200年前就开始了。1808年葡萄牙摄政王若昂六世驻跸巴西后，从世界各地引进了大批名贵花木，其中包括从我国移植的荔枝和香料树。1810年他又下诏葡萄牙驻澳门总督从中国招募数百名茶农携带茶树苗到巴西种植。两年后，中国茶农辛勤试种茶树获得成功，这些茶农成了中国人民最早的友好使者，建在里约热内卢蒂茹卡国家公园中的中国茶亭就是这段友好佳话的最好见证。

19世纪中叶以后，巴西经济有了一定发展，奴隶制的废除造成国内劳动力严重短缺。巴西政府试图从中国输入廉价劳动力，主动向中国清政府提出建交要求，同时希望谈判发展商贸关系和从中国招募华工问题。1879年（光绪五年）4月，巴西驻英国公使白乃多奉本国政府之命，会见了清政府出使英、法的钦差大臣公使曾纪泽，提出立约建交以及谈判招募华工的愿望。鉴于当时中国劳工在世界各地遭遇迫害并受到国内舆论的谴责，清政府只同意会谈建交事宜，拒绝其招募华工之要求，并拒绝巴西派特使来华谈判。然而，此时巴西政府派出的正使喀拉多和副使穆达已在来华途中，路过巴黎时向曾纪泽表示与清政府只谈立约建交，不再提招工要求。1880年6月1日巴西特使抵达天津。在巴方强烈要求下，6月8日巴西特使同清政府全权代表、直隶总督兼北洋大臣李鸿章在天津开始两国关系史上的第一次建交谈判。于1880年（光绪六年）8月1日签订了《中国巴西和好通商航海条约》，宣布两

1975年5月，中国首任驻巴西大使张德群向盖泽尔总统递交国书

国建立外交关系。1887年，巴西在我国上海开设总领事馆，马尔丹为首任总领事，清政府则派驻法公使兼管巴西。1909年8月，清政府派中国驻法国、西班牙、葡萄牙和巴西公使刘式训前往巴西，在里约热内卢向巴西总统佩萨尼亚递交了国书，实现了中国公使对巴西的首次访问。同年，巴西特使贝雷拉与清政府全权代表、外务部左侍郎联芳签订了《中国与巴西公断条约》。从此，两国之间的交往和商贸关系有所发展。

1911年辛亥革命胜利，建立了中华民国。巴西于1913年4月9日宣布承认中华民国。这不仅早于其他拉美国家，也早于英、法、日、俄等国。然而，自那时到1949年中华人民共和国成立的30多年间，内忧外患的旧中国与遥远的巴西之间关系发展非常缓慢，几乎处于停滞状态。

中巴关系的全面发展是在1974年巴西与新中国建立外交关系之后，尤其是中国改革开放以来，这两个世界上最大的发展中国家之间的友好交往才得以在崭新的历史条件下，得到一日千里的蓬勃发展。

茶，中巴友谊的最初纽带

到了巴西你会发现，茶，当地话就叫cha，这在西方语言中是罕见的现象，但并非偶然。茶，像面包、黄油和咖啡一样，是巴西人民日常生活不可或缺的必需品，而巴西人喝的茶最早是从中国传

茶跟咖啡一样，是巴西人日常生活中不可或缺的饮料

入的。也许，为了见证这段历史，当地朋友一定会领你去参观里约另一个著名旅游景点："茶亭"。

里约热内卢市郊的蒂茹卡森林保护区绿树成阴，景色如画，凉爽宜人。面向大西洋的半山腰处建有一座中国风格的八角凉亭，亭柱与栏杆露出的一道道清秀竹节，酷似中国南方竹亭，近前细看，实为混凝土模仿翠竹建造。亭顶的八角飞檐上装饰有八个龙头，令人惊讶的是这些龙头不像在中国看到的那样威风凛凛地昂首朝天，而是伏在亭角俯首沉思。站在凉亭远眺，里约市区与蓝色的海湾尽收眼底，这处充满东方韵味的景点便是导游指南特意标明的"中国景观"(Vista Chinesa)，中国人则亲切地称它为"茶亭"，这是你来到里约不可不游的景点，你要是想了解中巴友谊的渊源，它便是一个历史见证。

相传19世纪初，葡萄牙王室和贵族从欧洲移居巴西，他们久已养成饮茶习惯，而且对中国茶情有独钟，他们渴望能在巴西喝到中国茶。摄政王若昂六世派人到中国澳门，从湖北地区招募了200多名茶农，来到巴西种植茶树，这些茶农

“茶亭”见证了中国与巴西人民的友好历史

经过千辛万苦，反复试种，终于在里约热内卢附近山区成功种植了茶树，从此巴西人能在本国生产中国茶叶了。也许是为了表彰中国茶农的不朽功绩，也许是为了安抚茶农们对故国的思念，摄政王敕令在蒂茹卡山面海的坡地上建造了这座中国式凉亭。每当我们来到这里，尤其是看到亭角上那些俯首敛眉的龙头，总不禁要想：是施工时安装错了，还是有意借此表达茶农们的思乡情怀？不管怎样，它记录下了中巴人民共同生活和劳作的那段岁月。

无独有偶，在圣保罗繁华的市中心，有一座拱形立交桥飞跨在车流如潮的“七月九日”大街上，那座桥身被漆成红黄两色、远望宛如彩虹的长桥名叫“茶桥”，那是为了纪念中国茶进入巴西寻常百姓家而由市政府命名的。长桥附近曾是圣保罗市的茶叶集散地，茶铺林立，茶业兴旺。如今周围已建起高楼大厦，茶市不复存在，留下的是历史的深深烙印。

茶是联结中国、巴西两国人民友谊的最初纽带。“茶亭”、“茶桥”业已成为中华文明在拉美大地开花结果和中巴友谊源远流长的象征。

巴西华人知多少

也许你曾听人说过，在拉丁美洲华侨、华人最多的国家是秘鲁和古巴，不错，但那说的是过去。上世纪末，我们到我国驻圣保罗总领事馆任职时，巴西约有15万中国移民，近年来情况又有了新的发展。巴西的新、老中国移民数量已增至约20万人，居拉美国家之首。

中国移民巴西的历史可追溯到19世纪初，指的就是我们在前文中讲过的中国茶农来到里约热内卢成功种植茶树的故事。据巴西官方统计，从1908年到1924年的16年中，入境华人有案可稽者共173人，但据华人著作称，当时已有华人2万人。第二次世界大战后，一批广东籍和浙江青田籍的华人经美国和南美其他国家辗转移居巴西经商。20世纪40年代末和50年代间，又有许多华人从祖国大陆和香港来到巴西定居，旅巴华人达5万余人。从60年代初开始，大批台湾同胞移民巴西，约有8万之众。近些年来前往巴西的，则大部分是随着我国改革开放的大潮走向世界的大陆新侨民。

巴西的中国移民基本上都居住在东南沿海一些大、中城市里，圣保罗市尤为集中。据不完全统计，目前圣保罗有华侨、华人约18万，里约热内卢约6000人，巴西利亚约300余人，其余散居在库里蒂巴、累西腓等地。他们来自台湾、广东、浙江、福建、上海、江苏、山东和葡语国家等。大部分人虽已加入巴西国籍，仍保持着中国文化传统与习俗。初到圣保罗时，我们面对的侨界情况颇为特殊，那里多数中国移民来自台湾，与我们之间因历史与政治原因存在一定的隔阂，然而，随着接触和了解增加，取而代之的是对同根同源的认知和一种血浓于水的亲情，这常常让我们感动不已，也让我们对在巴西与他们共同度过的这段时光至今难以忘怀。

巴西是个移民国家，较少种族歧视，这为华侨、华人的生存和发展提供了有利条件，加上中华民族具有勤劳俭朴、艰苦创业的优良传统，故而从中国来的移民多数都能较快站稳脚跟，事业有成。他们有的办工厂、农场、家禽厂、开旅馆、旅行社，有的做进出口贸易，经营珠宝和房地产、超市等，其中不乏已跻身巴西著名企业家行列的佼佼者。记得我们在巴西工作的几年里，每当总统出国访问，有幸陪同出访的知名企业家中常有华人企业家。此外，在巴西的一些大学和科研机构中也活跃着一批高学历的华人科技人才，他们在不同的领域为巴西的发展做出贡献。我国改革开放后出去“闯天下”的新移民多数从提包生意

充满东方神韵的利贝尔达吉区

圣保罗华人华侨欢迎首任中国总领事履新

或打工做起，经过多年打拼，如今也大都有了不同程度的发展。华侨、华人普遍重视培养子女，华人子弟常因学习成绩优异而备受社会好评。如今整个侨界的文化素质在逐步提高，参政意识亦日益增强。

巴西华侨、华人拥有几十个各种类型的社团、同乡会、武馆及俱乐部等，构成了南美最大的华人社会。春节最是牵动侨胞们思乡情怀，每逢旧历新年来临，他们都会用最传统的方式热烈庆祝。巴西的“移民节”也是侨界的一大盛事，各国移民都会举行盛大庆典和表演，展示原籍国的文化与风貌，选出最美丽的侨民小姐。巴西没有规模宏大、独具中国特色的“唐人街”，但在圣保罗市中心东面有个颇富东方情调的街区叫利贝尔达吉（葡文为“自由区”，人称“东方区”），那里聚居着众多中国、日本和韩国的侨民，该区的主要街道加尔旺·布埃诺街上中国人开的商铺林立，汉字广告随处可见，与“唐人街”相差无几。国内去的

春节团聚，来，干一杯

游客常到那里观光与购物。当你在离祖国最远的地球那一边，听到熟悉的乡音、看到一张张令你倍感亲切的面容时，你的内心一定会感到格外温暖。

中国人民难忘的好朋友——古拉特总统

2009年8月15日，中国和巴西庆祝了两国建交35周年。在一次外交活动中，我们和在北京工作的几位巴西朋友交谈时，不约而同地缅怀起了曾为发展两国关系做出过巨大贡献的巴西前总统古拉特，一位中国人民难忘的好朋友。

在20世纪五六十年代，由于当时的国际形势和历史原因，中国与巴西之间没有外交关系，一般经贸往来也微不足道，但民间交往还较活跃，两国间时有文化、艺术、新闻、贸易等代表团组互访。为推动中巴关系发展，巴西工商界人士发挥了“先锋”作用。1961年4月，由巴西国际贸易促进会主席率领的巴西贸易代表团访华，向我国家领导人转达了巴西新任总统夸德罗斯“愿与包括中国、苏联在内的世界各国发展贸易关系”的信息。1960年巴西大选中当选总统雅尼奥·夸德罗斯是全国民主联盟的候选人，与他同时当选的副总统是工党领导人若昂·古拉特。新政府上台伊始就宣布，对外要实施“独立的外交政策”，尤其是对社会主义国家表现出一种新姿态。我国政府迅速作出反应，立即派出

1961年8月，古拉特副总统访问中国，与毛泽东主席会见，成为拉丁美洲国家访问中国的第一位领导人

中国国际贸易促进会主席南汉宸率中国贸易代表团回访巴西，并携带了董必武副主席的亲笔信，邀请古拉特副总统适时访华。本书笔者之一便是这个代表团的翻译。

到巴西前，我们就听说，古拉特副总统一向积极主张同中国发展关系，他在库比契克执政时就是副总统，现在第二次当选，可算是巴西政坛上一位举足轻重的人物。我们到达里约热内卢的第二天，古拉特就在景色如画的科巴卡瓦纳海滨他的私人寓所里亲切会见了中国代表团。我们从他的谈话中听出他的民族主义意识相当强烈，对中国怀有好感。他在读了董必武副主席的邀请信后十分高兴，当即表示接受中国政府的访华邀请，说报告总统后尽早成行。他建议，为了增加巴西人民对中国的了解和做好舆论准备，中国可以先到巴西来办个经贸展览会，也可派出常驻记者，交流信息。古拉特还特意安排我们到新首都巴西利亚会见总统。三天之后，夸德罗斯总统在总统官邸黎明宫接见了代表团，总统向我们表示，巴西政府愿同中国发展友好关系，先从贸易做起。他预告，古拉特副总统近期将率贸易代表团访华，同中国领导人会谈。

1961年8月，古拉特副总统果然如约访华。这是巴西国家领导人首次访华，也是新中国成立之后拉丁美洲国家中访问中国的第一位领导人。古拉特副总统受到了中国政府和中国人民隆重热烈的欢迎，毛泽东、刘少奇、周恩来、董必武等中国国家领导人分别会见了古拉特，周总理同古拉特副总统进行了长时间的会谈并共进晚餐。古拉特表示："巴西希望同世界各国人民接触和建立贸易关系，特别是同在国际上起着重要作用的中国人民建立贸易关系。"还说，巴西"将在联合国投票赞成讨论中国问题，中国是不可忽视的"。古拉特副总统的友好表态给中国领导人和中国人民留下了十分深刻的印象。访问结束前，双方签署了《中国人民银行和巴西银行支付和贸易协定》。

谁都没有想到，就在古拉特副总统圆满结束访问准备离华返巴时，巴国内发生了军人政变，总统夸德罗斯被迫辞职，副总统古拉特有国难返，他不得不前往邻国乌拉圭，在那里为恢复国内的正常政治秩序而进行艰巨的斗争，一个月后，古拉特争取到了宪法赋予他的合法权利，继任巴西总统。

古拉特就任巴西总统后，履行诺言，继续推动中巴关系发展，以巴西政府名义，批准中国新华通讯社在里约热内卢建立新华分社，并同意中国国际贸易促进会在巴西常设代表处，他本人还在总统府热情友好地会见了中方赴巴西筹办中国经济贸易展览会的全体人员。

正当中巴关系即将掀开新的一页，朝着两国领导人期盼的方向发展的时候，巴西政坛再次风云突变。1964年3月末，军人又一次发动政变，以武力推翻了古拉特政府，古拉特总统被迫流亡乌拉圭，中巴关系随即坠入寒冬。令人扼腕的是，古拉特总统未能等到中巴关系回暖、两国缔结邦交的那天，最终抱憾病逝他乡。

今天，当人们欢欣鼓舞地看到中巴双边关系前所未有地迅猛向前发展时，更加怀念这位曾为促进两国人民友谊作出过不懈努力的好朋友，更加珍惜这来之不易的中巴友好关系。

还记得可爱的"伊佐拉"吗？

20多年前我们要去巴西长期工作，问送行的朋友想要我们带回什么礼物，回答是要几盘"伊佐拉"主演的电视剧录像带，在物资匮乏的当年，他们想得到的不是国内稀缺的洋货，而是几盘电视录像带，"伊佐拉"何许人，具有如此大的魅力？可能许多年轻人对这个名字感到陌生，但40多岁以上的人就很少有人不知道她了。30多年前，在改革开放春风的吹拂下，巴西电视连续剧《女奴》成了最早在中国播放的外国影视片之一，风靡全国，每天晚饭后，万人空巷看《女奴》。"伊佐拉"是该剧女主角的名字，饰演伊佐拉的是巴西著名女演员露塞莉亚·桑托斯，是露塞莉亚的精湛演技让广大中国观众被那个美丽善良的女奴深深吸引。女演员的名字不大好记，女主角"伊佐拉”则家喻户晓。当时露塞莉亚·桑托斯并不知道自己在中国创造了电视剧史上的收视神话。1985年，3亿多中国观众参与投票的“大众电视金鹰奖”评选中，露塞莉亚·桑托斯脱颖而出，获得最佳外国女主角金鹰奖，成为第一位获此殊荣的外国女演员，从此，露塞莉亚·桑托斯也与中国人民结下了深厚的情缘。

我们到巴西后，得知除《女奴》外，露塞莉亚·桑托斯还在《莫萨姑娘》、

《女奴》剧照，右为露塞莉亚·桑托斯饰演的“伊佐拉”

还记得可爱的伊佐拉吗？与巴西的艺术家们相聚（中立红衣者为饰演“伊佐拉”的露塞莉亚·桑托斯）

《石人圈》等几十部深受广大观众喜爱的电视连续剧中饰演女主角。提起她，当地朋友告诉说，在拉丁美洲，也许有人叫不出巴西总统的名字，而没有人不知道露塞莉亚·桑托斯的，她在拉美传媒界享有“无冕女王”的雅称。想不到我们到达巴西没过多久，便收到了露塞莉亚·桑托斯的邀请，她请我们到她在里约热内卢的家中做客。里约是巴西的文化中心，景色秀丽，人杰地灵。那天晚上应邀参加这次聚会的大都是巴西演艺界的名人，包括在《女奴》中饰演男主角莱昂西奥的鲁文·法尔贡，受到年轻观众热捧的新星索妮亚·布拉加等人。女主人穿一身中式的大红缎绣花衣裤，乍一看，真像一位娇小玲珑的中国姑娘，非常可爱。她的家依山傍海，位于著名的巴哈海滩。室内布置优雅，洋溢着温馨和欢乐。她向我们讲述了她到中国领奖的经历和感受，特别是讲到她在游览长城时被一些中国游客认了出来，上百名游客呼喊着“伊佐拉”，热情地团团围住了她，握手、签名、合影……她讲述这段往事时，眼里闪烁着激动的泪光说：“我是伟大中国的崇拜者，那里像是我的第二故乡，以后我还要回去，我的最大愿望是与中国合作，拍一部片子。”

露塞莉亚·桑托斯出身普通工人家庭，自学成才，15岁便开始参加电视连续剧的演出。担任过巴西著名的环球电视台节目主持人。1976年参加了电视连续剧《女奴》的拍摄，一举成名，该剧在全球100多个国家播放，受到了世界范围内的热烈欢迎。露塞莉亚的成功不是偶然的，她在艺术上精益求精，她热爱自己的人民，其艺术创作总是充满人民性。她热心公众事业，同情劳动大众，呼吁维护印第安人的权益，反对军备竞赛，她还是巴西绿色运动领导人，总是站在人民和进步事业一边。1985年她被巴西公众推选为全国杰出女性。访问了中国后，露塞莉亚·桑托斯又成了中国人民的好朋友，她还是巴中友协的领导成员。

多年过去了，近来露塞莉亚·桑托斯的名字又一次次地出现在中国媒体报道中。经过多年筹备与奔波，露塞莉亚终于与中国电影人合作拍摄了中巴首部合拍片《缘》（原名《地球另一边的爱》），填补了中国与南美洲合作拍片的空白。露塞莉亚自任该片的女主角和制片人，演绎了一段跨越半个地球涉及三代人近半个世纪的情感恩怨，这部影片

露塞莉亚·桑托斯在中国第三届“大众电视金鹰奖”颁奖仪式上

已在上海电影节上首映，随即拉开了在中巴两国上映的序幕。目前，露塞莉亚又在构思再次与中国合作拍片的计划，正如她自己所说：她要借助影视艺术来推动中巴两国友好关系的不断发展。露塞莉亚一直留在中国人民美好的记忆中，活跃在中巴携手共创新时代的壮丽事业之中。

张大千巴西故居寻踪

你也许听说过，国画大师张大千曾在巴西卜居17年，在这片与中国远隔重洋的土地上留下过深深足迹。他的故居“八德园”就建在圣保罗市郊。我们在巴西工作期间曾慕名前往寻访，然斯人已去，庭院荒芜。我们以为，作为一代画坛宗师居住过那么多年并创作过那么多传世佳作的地方，即使已无可能加以修复以资永久纪念，亦当让更多人知道，并在中巴交往史上留下应有的一笔吧！

“八德园”在圣保罗州慕义镇郊外，是张大千1953年举家自阿根廷迁到巴西时兴建的。此前，张大千于1950年初离国去了印度，辗转香港、日本，来到南美。初到时暂住一位贺姓朋友的农场里，一天下午，雨过天霁，大千居士到贺氏农场附近散步，远眺雨后云天，一抹晴翠，眼前景色颇似故乡成都平原，思乡之情油然而生。他口吟“雨过天青云破处”的古诗，手指下面一片种满柿树、桉树和玫瑰的园林说：“我想买下这块地，

张大千在八德园中散步

筑一花园，作为长期卜居之所。”他在买下这片14万平方米的园林后，苦心营造了3年，建屋辟径，挖湖筑亭，收罗玲珑怪石，遍植奇花异木，还豢养了猿、鹤、雉鸡、孔雀等故国的珍禽异兽，硬是在异域他乡建成了一座完全是中国庭园风格的优美园林，并因柿树有八大优点，而取名“八德园”。

我们走进“八德园”，但见竹林夹道，两旁有三四十根一米来高的石柱，据告原是用来放盆景的。夹道尽头是一幢粉墙红瓦的中式两层楼房，那便是园主居住的“大风堂”。当年此处冠盖云集，宾主尽欢，而今人去楼空，年久失修，雕花木格门窗朱颜已改，枯枝败叶落满台阶，一派零落景象。不巧，那天看园人外出，楼门深锁。我们未能登堂入室参观楼下的客堂、饭厅、裱画间和楼上的卧室、书房和画室。据朋友追忆，那间画室设计得十分别致，正对大画案的那面墙上装有用一根根手指粗的铁条组成的落地长窗，后面是一只大铁笼，笼内关着一只攀缘跳跃的长臂猿。画家通过这只特制笼子，可以随时观察黑猿啸傲林泉的神态，还可透过铁栏观赏园中的秀丽景色。

绕过大风堂，右侧一块状似卧牛的巨石分外引人注目，石上刻着大千手书的“盘阿”两字，古称隐士乐居处为“盘阿”。巨石旁有一棵高大的盘龙松，虬枝屈曲盘旋，覆盖在上，树石相依，意趣盎然，大千居士常在此憩息。园中已见不到大千先生当年精心移植的牡丹、芍药、杜鹃、辛夷等中国名花，但他手植的那些巴西少见的劲松和修竹大多尚在，荒凉中依稀可辨昔日盛景。八德园的主景是五亭湖，十亩地开阔的湖面是人工开挖的，周围建有五亭，因而得名。湖边广植水松、油松，松林葳蕤。当年湖水清澈，风起成涟，大千居士常邀客人到此，欣赏那水面生风，松涛如海的情景。五个亭子的亭名皆取自古人诗句，风雅贴切。

张大千在八德园居住时，平常深居简出，一袭长衫，三缕长髯，或园中独步，或登楼挥毫。这期间是他创作生涯中精品不断，最负盛名的时期。张大千在八德园创作的大量山水画中，有两幅巨作尤为珍贵，1968年画的大长卷《长江万里图》和1968年画的《黄山图》。据说，大师作这两幅画时并无草稿，只凭过去游江登山的记忆，可谓胸中自有丘壑。此外，他画了《四川资中八胜》八幅山水和《思乡图》等。张大千在这些意境深远的青山绿水之间寄托了他的无限乡思。

往事如烟，景物全非。张大千大师在巴西居住了17年的这座园林是不应被人遗忘的，是为记。

为中巴友谊的春天喝彩

1975年中旬，我国驻巴西首任大使张德群向巴西外长西尔维拉递交国书副本时，这位外长对张大使说："我们两个大国建交很重要，但两国关系的发展得慢慢来，像大象走路，要稳步前进。"这句话后来成了观察两国建交初期关系发展的名言。巴西外长把东西半球两个最大发展中国家缔结邦交比作两只大象走到了一起，既生动形象，又意味深长。在建交初期两国关系不可能很快发展的形势下，巴方预见，双边关系一时不会有"惊人的、突如其来的成果"，但大家都相信，"大象"起步时虽然步伐缓慢，一旦奔跑起来，必将发挥出巨大的威力和迅猛的势头。我们有幸成为了这一发展进程的见证人。

记得我第一次踏上巴西的土地是在1961年，当时的两国关系尚未走出漫长的寒冬。1975年中巴建交为双边关

胡锦涛主席与巴西总统卢拉握手

系发展揭开了新的一页，10年后的1985年，我们来到我国驻圣保罗总领馆任职，在这四年任期中，我们从实际工作中明显感觉到，随着两国相互了解的日益增加，尤其是因两国国内形势的重大变化和各自经济的迅速发展，中巴之间的友好合作关系已开始呈现出蓄势待发的劲头，“大象”即将奔跑了！那时我们虽已预见到了这一令人鼓舞的前景，但后来形势发展之快、变化之大还

中巴两国联合研制的第二颗“资源一号”在中国太原卫星发射中心发射成功

是远远超出了人们最大胆的设想。

20世纪80年代以来，巴西国内政治长期稳定，经济得到了长足发展，跃升为世界最重要的经济体之一，中国实行改革开放30年，经济建设取得了辉煌成就，两国经济互补性优势随之得到不断发挥。进入新世纪，中巴关系已从稳步前进跨入全面、快速发展的新阶段。

近年来，两国国家领导人多次互访，高层交往频繁，政治互信不断加强。1997年，中国与巴西建立了战略伙伴关系，巴西成为同中国建立战略伙伴关系的第一个发展中国家。两国在经贸往来方面取得的成就尤为显著，双边贸易额飞速增长，2008年达到近500亿美元，中国跃升为巴西第一大贸易伙伴，巴西也成了我国在拉美最大的贸易伙伴。中国不仅是巴西铁矿砂、大豆等资源性产品的重要进口国，也是巴西支线飞机等高附加值产品的重要购买国。两国相互投资在稳步扩大，能源、金融等领域的合作也取得了重要进展。两国科技合作取得了可喜成果，中巴联合研制地球资源卫星项目已开展20年，三颗观察卫星已被送上太空，成为高科技领域南南合作的典范。同时，我们还看到，中巴两国在国际事务的重大问题上有着广泛的共同利益和共识，无论是在“金砖四国”和发展中五国，还是在各类国际组织中，都保持了良好的沟通和紧密的协作。今天的中巴关系处于历史的最好时期，前景更是无限广阔，我们衷心为中巴友谊的春天喝彩！

朋友，如果你想到地球另一边旅行的话，巴西这个美丽、友好的国家应当能成为你的首选之地。

Tips

商务礼仪

商务访问时，宜穿保守式样深色西装。随时记住，你的言谈举止，宜保持温暖友好。无论访政府机关或私人机构，均需事先订约。和巴西商人进行商务谈判时，要准时赴约。如对方迟到，哪怕是1—2个小时，也应谅解。像大部分拉美人一样，巴西人对时间和工作的态度比较随便。和巴西人打交道时，主人不提起工作时，你不要抢先谈工作。谈话时要亲热，要离得近近的，但不要有失分寸。不管那里天气怎么热，穿深色服装都是适宜的。巴西人特别喜爱孩子，谈话中可以夸奖他的孩子。巴西的男人喜欢笑，但客人避开涉及当地民族的玩笑。对当地政治问题最好闭口不谈。

在巴西人家里做客后的第二天，应托人给女主人送一束鲜花或一张致谢的便条。鲜花千万不能送紫色的，紫色是死亡的象征。

另外，巴西的印第安人有一种习俗颇有趣。洗澡和吃饭是他们生活中最重要的内容。若有人到他们家中做客便邀请客人一起跳进河里去洗澡，一次又一次，有的一天要洗上十几次。据说，这是他们对宾客最尊敬的礼节，而且洗澡次数越多，表示对宾客越客气、越尊重。

Tips

温馨提示

为了让你的巴西之旅愉快、顺利和安全，我们想向你作三点提示：

一、入乡随俗，注意文明礼貌

巴西人热情奔放，爱说爱笑，但很注意在公共场合的行为举止，从不互相打闹、大声喧哗，或高声打手机电话。他们不在街头乱扔纸屑、随地吐痰。在乘车、购物或进入游乐场所时自觉排队，反对“加塞儿”，禁止乱穿马路和在禁烟区吸烟。尊重女性，时时处处奉行“女士优先”原则。

巴西人热心好客，讲究礼貌。与人初次见面，互相握手，目视对方，还要说声“很高兴认识您”等客气话。交换名片时要有礼貌地看看对方的名字和职务，以示尊重。熟人相见，男士之间常相互拥抱，相互拍打后背；女士之间相互拥抱与贴脸。女士遇到熟悉的男士也有拥抱与贴脸的习惯，但一般要由女士表现主动方可。

在社交场合与人交谈时，巴西人会在对方讲话时表示专注倾听，不随便打断别人，不东张西望，或流露不耐烦的神情。自己说话时，声音不能太高，避免指手画脚。

巴西人相互赠送礼品时，接受礼品的人要当面打开包装，不管喜欢与否，都要表示谢意。送礼要适合对方身份与爱好，礼物过重过轻都不妥。

和巴西人打交道，要考虑到他们与人会见或赴约往往不太守时，迟到是常事，这几乎是拉美人的一个通病，我们只能包涵点了。

二、学会几个常用的葡萄牙文短语

Ola （你好）

Como vai vocé ？(你好吗?)

Bom día （上午好）

Boa tarde(下午好)

Boa noite(晚上好)

Aló(喂)

Tchau(再见)

Até logo(一会儿见)

Obligado （谢谢）

De nada(不用谢)

Por favor(请)

Sim(是)

Nao (不)

Con licença(劳驾)

Desculpe(对不起)

Onde está或Onde é ......?(在哪儿?哪儿是.......)

Quen é vocé ?(您是谁?)

Prazer em conhecé-lo(很荣幸认识您)

Meu nome é...... (我的名字是........)

eu sou(我是.......)

Eu nao entendo(我不懂)

senhor(先生)

senhora(女士)

Saúde! (祝你健康!)

葡语字母发音与我们的汉语拼音字母相似,你用汉语拼音的读法去念葡语词汇,基本上能让巴西人听懂,如"Ola"(你好),就读成"噢拉";"t"要读浊音"得",如"Tudo bom"(都挺好),就读成"都多 本"; c 在a、o、u 前念"戈",在e、i前念"色",ç 念"色";葡语词汇重音除了用重音符号"'"标明之外,一般都落在每个词汇的倒数第二个音节上,如"obligado",重音就落在"奥波里嘎多"的"嘎"字上。

三、提高警惕,谨防盗窃与抢劫

巴西的一些大城市,尤其是里约热内卢和圣保罗,治安状况不是太好,偷盗抢劫的事时有发生,外国旅客是主要受害者。

在机场、车站办理登机、乘车手续,或在入住酒店时,务必有专人看管行李和手提包,每人随身带好自己的护照、机票和外币(或统一保管)。外出游览或逛街购物,不要穿正装,男士不戴名贵手表,女士别戴项链、耳环、戒指等金银首饰,不要在清晨或傍晚游人稀少时去海滨溜达,更不要图清静去冷僻的地方散步,尽量避免单独活动与出行。万一遇到路劫,切莫惊慌、反抗,更不要转身逃跑,那里的歹徒一般只劫财不伤人,反抗或逃跑反易招致枪击。

带上我国驻巴西使、领馆的值班电话,遇事及时与我驻外机构联系。

巴西12日旅游线路

Day 1-2 里约

搭乘国际航班抵达巴西灵魂城市里约热内卢，入住酒店。早餐后登上面包山，将环抱在青山绿水之间的里约市风貌尽收眼底，下午参观二战纪念碑，参观世界第一大足球场MARACANA。晚餐品尝地道风味的巴西烤肉，晚上自费观看具有浓郁民族风情的桑巴舞表演。

第二天早餐后乘车登上耶稣山，同里约市的象征——高耸入云的耶稣像合影留念，远眺观赏16公里尼泰罗伊跨海大桥，下午参观世界第二大宝石制作中心H.STERN，观看宝石制作过程，晚上自由活动。

Day 3 里约–巴西利亚

早餐后在城市简单观光，午餐后前往机场，乘巴西国内航班前往巴西首都巴西利亚，抵达后晚餐，入住酒店休息。

Day 4 巴西利亚

前往电视塔顶层，在那里可以欣赏到飞机形状的城市全貌，然后前往陆军总部、J.K.总统纪念馆、阳光大教堂等地参观。午餐后，继续城市游，参观外交部水晶宫殿、三权广场、总统府及风景秀丽的部长半岛。晚餐后入住酒店。

Day 5 巴西利亚–马瑙斯

早餐后飞往马瑙斯，抵达后入住酒店。午餐于中餐馆，餐后在市内观光及参观印第安人纪念馆。晚餐于中餐馆。

吴蓉蓉绘图

巴西阳光国际商旅有限公司提供
电话：86–10 87755207/08/09/10
地址：北京市朝阳区西大望路19号金港国际1号楼B座703室
网址：www.baxiyangguang.com

Day 6 马瑙斯

早餐后乘船游览亚马孙河，欣赏黑白两河交汇奇观，并在森林里散步，观赏帝王莲。午餐于水上餐厅，餐后参观工艺品集市，下午返回市区。

Day 7 马瑙斯-圣保罗-伊瓜苏

早餐后参观百年大剧院、浮动码头及古建筑的贸易市场。午餐后经圣保罗转机（不出机场）飞往伊瓜苏，到达后入住酒店休息。

Day 8-9 伊瓜苏

早餐后游览由275个瀑布组成的伊瓜苏瀑布群，乘电梯进入栈道，置身于飞流直下、波涛汹涌的宏伟景观之中，勇敢者可自费游艇穿越魔鬼喉瀑布群的探险活动，水柱从天而泻，游艇在浪尖回旋，惊心动魄。

第二天游览巴西及巴拉圭交界的友谊桥，巴西、巴拉圭、阿根廷三国交界岭、水上议事亭、民间工艺品店，参观名人植树园林。晚餐后回酒店休息。

Day 10 伊瓜苏-圣保罗

早餐后参观世界第一大水电站ITAIPU外景，观看当年建设水电站的资料片，午餐后乘机飞往圣保罗，抵达后晚餐，入住酒店休息。

Day 11 圣保罗

参观IPIRANGA皇宫，观赏欧式皇家花园，参观拉美会议大厦、拉美民俗展览馆、圣保罗宝石商厦。游览PAULISTA金融街，领略圣保罗繁华都市景象。

Day 12 圣保罗/返程

早餐后参观圣保罗大教堂、LIBERDADE东方移民商业区，午餐后前往机场搭乘国际航班回国。

中国2010上海世博会

巴西馆:动感都市,绿色生活

展馆主题:动感都市,活力巴西

设计理念:绿色的鸟巢

名家设计:Fernando Brand o建筑公司

展馆位置:上海世博会巴西馆占地2000平方米,紧邻美洲广场

国家馆日:6月3日

最佳视点:从巴西馆侧面望去,参观者将感受到一种由凹凸不平的起伏所带来的律动感。

场馆透视

巴西馆的设计灵感来自坎帕纳兄弟的代表作《贫民窟之椅》,这张著名的椅子由废弃的木材制成,是当代最著名的设计师椅子之一,也已经成了纽约现代艺术博物馆收藏品。坎帕纳兄弟是巴西最具盛名的家具设计师,以他们的作品来代表巴西,不只体现了巴西的创造力,也符合巴西馆环保的主题。

巴西馆主体由数千根不对称放置的产自巴西本地的可再生绿色木条组成,意喻巴西茂盛的森林,造型很容易使人联想到北京奥运会的主会场“鸟巢”。即将出任巴西世博会特使的亚历山德罗·特谢拉介绍说,巴西馆特意参考了中国在奥运会中所采用的现代设计风格,也融合了巴西设计人才的创意,将两国的创意有机地联系起来。

巴西馆投资3500万美元,占地面积2000平方米,也是2010年上海世博会中最大的租赁馆之一。巴西馆的主题为“动感都市,活力巴西”,它将向观众展现巴西城市人民和文化的多样性、大都市的生机活力以及蓬勃发展的当地经济。

上海世博会巴西馆实景图

上海世博会巴西馆效果图

上海世博会巴西馆形象大使、巴西著名作家 PAULO COELHO

坎帕纳兄弟代表作《贫民窟之椅》

亮点

● Top 1　进入巴西馆后，参观者将感受到巴西城市的动感、欢乐与力量。巴西馆将通过高科技手段展现巴西的文化、经济与社会面貌。大屏幕将播放城市照片、传统节日、足球盛况以及各种推动城市发展的巨大活力，并着重强调可持续的生态能源——在目前巴西使用的能源中有46%是通过可再生资源生产的，其中包括90%的电力，大部分为水力发电。

● Top 2　世博会期间，巴西馆计划每月将举行一次共六次主题论坛，涉及科技创新、资源利用、信息技术等城市发展与生活的重要议题，这些主题论坛能和城市决策者和市民分享巴西的经验。此外，巴西馆还将为巴西与中国的企业家们安排贸易洽谈会，除涉及农业、时尚与信息技术等领域外，基础设施、宾馆行业与运输业等方面的投资机会也将被列入到洽谈会的范围之中，以满足2014年巴西世界杯与2016年里约热内卢奥运会所产生的需求。

● Top 3　在6月3日举行的巴西国庆节庆祝仪式上，政府官员与企业代表们将齐聚一堂，巴西著名音乐人还将举行盛大的演出，而享有国际盛誉的巴西作家保罗·科埃略将作为巴西馆形象大使献上诗朗诵。

图书在版编目(CIP)数据

热力桑巴——巴西/黄志良，刘静言著. -上海:上海锦绣文章出版社,2019.11重印
(外交官带你看世界)
ISBN 978-7-5452-0632-6
Ⅰ. ①热… Ⅱ. ①黄… ②刘… Ⅲ. ①巴西-概况 Ⅳ.①K977.7
中国版本图书馆CIP数据核字(2010)第076746号

出 品 人　何承伟
责任编辑　夏青根
特约审读　王瑞祥
整体设计　周艳梅
图文制作　费红莲
督　　印　张　凯

书　　名　热力桑巴——巴西
著　　者　黄志良　刘静言
出　　版　上海锦绣文章出版社
出　　品　上海故事会文化传媒有限公司
发　　行　上海文艺出版社发行中心
　　　　　(上海市绍兴路50号　邮编：200020)
印　　刷　江苏恒华传媒有限公司
版　　次　2010年6月第1版　2019年11月第3次印刷
规　　格　889×1194
书　　号　ISBN 978-7-5452-0632-6/K·213
定　　价　29.00元

大众文化出版基地 www.storychina.cn

上海故事会文化传媒有限公司 出品(00291-7) www.storychina.cn

上海故事会文化传媒有限公司所有图书可办理邮购,免收邮费(挂号除外)
汇款地址　上海市南绍兴路74号(200020)
收 款 人　上海故事会文化传媒有限公司出版发行部
联系电话　021-64338113

如发现本书有质量问题。请与印刷厂质量科联系　T:0511-80867876